닥터 몬테소리가 전하는
베이비 마인드

정이비

베이비 마인드
정이비

2019년 9월 30일 초판 1쇄 발행
2020년 12월 1일 개정판 1쇄 발행
2021년 11월 1일 개정판 2쇄 발행

지은이 정이비
발행인 조동욱
편집인 조기수
그 림 이소담
펴낸곳 헥사곤 Hexagon Publishing Co.
등 록 제 2018-000011호 (2010. 7. 13)
주 소 경기도 성남시 분당구 성남대로 51, 270
전 화 070-7743-8000 | 010-3245-0008
팩 스 0303-3444-0089
이메일 joy@hexagonbook.com
웹사이트 www.hexagonbook.com

ISBN 979-11-89688-47-9 03370

닥터 몬테소리가 전하는
베이비 마인드
Baby Mind

HEXAGON

WWW.HEXAGONBOOK.COM

차례

닥터 몬테소리는
누구인가?

1870년 태어난 마리아 몬테소리 Maria Montessori는 이탈리아에서 의학 학위를 받은 최초의 여성이었다. 졸업 후, 몬테소리 박사는 지적 장애 아동들을 돌보게 되었다. 몬테소리 박사는 감각기관을 이용한 새로운 교육법으로 아이들을 교육했고 이것은 지적 장애아들이 공립 학교의 시험에서 성공하는 기적을 만들었다. 몬테소리 박사는 이 교육법을 일반 아이들에게도 적용하였다. 1907년 로마의 산 로렌조의 도시 빈민가에 세워진 최초의 학교 Casa dei Bambini (어린이의 집)이 그 시작이었다. 이곳에서는 거리를 방황하던 2세부터 6세의 아이들 수십 명이 모여들었고 하루에 8시간 이상을 함께 모여 위생과 예절에 관련된 일상생활 활동을 하면서 수, 감각, 읽고 쓰기와 같은 언어 활동을 실천했다. 몬테소리 박사는 아이들과 함께 일 하면서 끊임없이 아이들을 관찰하였고 아이들의 놀라운 능력을 발견하였다. 아이들은 어른이 가르치는 것을 통해서만 배우는 것이 아니라 환경을 통해서 스스로 학습 능력을 길러 간다. "아이들은 스스로가 자신을 가르친다!" 몬테소리 박사의 이 진리의 발견은 기존의 어른들이, 교육 내용을 결정하고 전달하는 교육 방법이 아니라 아이가 스스로 선택하고 학습할 수 있도록 하는, 자동 교육 원리를 제시하게 했다. 이러한 교육 원리는 그 당시 많은 교육 현장의 변화를 이끌어 왔고, 몬테소리 교육법이라는 이름으로 전 세계로 확산되었다.

1929년 몬테소리 박사는 아들 마리오 몬테소리 Mario Montessori와 함께 국제 몬테소리 협회 Association Montessori International (이하 AMI)를 창설하였다. 현재 AMI 본부는 네덜란드에 있으며, 몬테소리 박사의 생애와 작업의 진실성을 유지하고 사후에도 그와 같은 활동이 지속할 수 있도록 노력하고 있다. 이곳에서는 AMI와 연계된 전 세계 각국의 150여 개의 교사 교육 센터를 지휘하며 각 센터의 운영자인 트레이너의 전문 분야에 따라 0~3세, 3~6세, 6~12세 몬테소리 전문 교사 교육 과정이 진행되고 있다.

　몬테소리 박사는 AMI가 창설된 이후에도 전 세계를 돌며 세계 평화와 아이들 교육에 힘쓰던 중 1952년 네덜란드에서 82세로 운명하였다. 지금도 전세계 교육센터에서는 AMI의 관리 아래 몬테소리 교육 철학과 실천을 공부하고, AMI 본부에서 파견된 국제 시험관의 감독하에 치러진 수준 높은 졸업시험을 통과한, AMI 교사 자격증 소지자들이 배출 되고 있다. 이들은 각 국의 실정에 맞게 몬테소리 교사로 일을 하거나 자녀를 키우며, 혹은 아이들을 위한 학교를 세우며 몬테소리 박사의 교육법을 실천하고 있다.

들어가는 글

이 책은 세 가지 기획 의도를 가지고 집필되었다. 첫째, 몬테소리 교육과 관련된 원서를 소개하는 것이다. 마리아 몬테소리 박사는 한평생 아이들의 대변인이 되고자 노력했다. 아이들을 돕기 위해 그들을 관찰하였고 탁월한 관찰자로서 아이들의 숨겨진 비밀들을 밝혀냈다. 10여 권이나 되는 그녀의 저서를 보면 우리가 생각하듯 아이들은 문제만 일으키는 말썽꾸러기들이 아니라, 자신이 원하는 것을 찾기만 한다면 몇 시간이고 반복하고 집중하는 놀라운 정신력의 소유자들임을 발견한다. 우리는 정말로 아이들에 대해서 많은 것을 모르고 있었다. 그래서 몬테소리 박사의 원서를 통해서 과학자가 관찰하고 판단한, 아이들에 대한 생생한 목소리를 들려주고 싶었다. 몬테소리 원서를 통해 아이들을 더욱 잘 이해하게 된다면 우리가 모르고 저지르게 되는 많은 시행착오가 줄어들 것이며, 아이들은 그들의 본성에 따라 행복하게 성장할 수 있을 것이다.

그렇다면 아이는 누구인가? 아이는 어떤 존재인가? 아이의 정신은 어떻게 형성되는가? 우리는 외부에 비친 작은 아이들의 신체적 변화에 놀라워하며 때로는 기뻐하고 때로는 슬퍼한다. 하지만 정작 그들의 내면이 어떻게 성장하는지, 그들이 정신이 있는지 없는지도 잘 모른다. 그래서 수수께끼 같은 0~3세 아이의 정신(베이비 마인드)에 대해서 밝혀보고 싶었다. 이것이 두 번째 기획 의도이다. 몬테소리 박사는 아이의 정신 발달을 중요시했다. 아이들에게 육체적 배고픔을 채우는 것도 중요하지만 정신적 굶주림을 채우는 것이 절대적으로 중요하다고 강조하였다. 신생아를 보자. 갓 태어난 아이도 자신의 주위 환경을 탐색하고, 환경의 질서감을 배워가며 울음으로 주위 사람들과 소통을 시도한다. 그리고 점차 성장하면서 언어를 익혀가고 손을 사용해서 작업하며, 작업할 때는 완성하려고 노력한다. 이러한 방법으로 아이는 어릴 때부터 인간만이 가질 수 있는 고유한 특성을 쌓아 간다. 이러한 인간으로 성장하기 위한 아이의 내면은 어떻게 구성되어 있는가? 무엇보다 아이들은 무한한 잠재력을 가지고 태어난다.

동시에 이 잠재력을 현실에 실현하라고 자극하는 내부의 꿈틀거리는 충동 즉 활기찬 에너지가 있다. 그리고 이 활기찬 에너지의 힘으로 얻은 정보와 능력을, 저장할 수 있는 특별한 기억 체계도 있다. 뿐만이 아니라 유아기는 아이들이 그렇게 왕성하게 활동해도 지치지 않는 예민한 감수성의 시기이다. 이 시기가 지나면 그와 같은 감수성은 다시는 돌아오지 않는다. 모든 것이 아이의 성장을 위해서 완벽하게 준비되어 있다. 그래서 이 시기, 특히 0~3세 시기의 아이들은 어른들이 수십 배의 노력을 해도 얻을 수 없는 많은 것들을 너무나 쉽게, 애쓰지 않고 노력하지 않고 얻을 수 있다. 바로 무한한 흡수 시기인 이 시기를 놓치지 말아야 하는 현실적인 이유이다.

세 번째 기획 의도는 아이들의 장애물에 대한 정보이다. 장애물은 이미 성장한 아이들에게는 그다지 영향을 미치지 않지만, 발달 초기에 있는 아이들에게는 치명적일 수 있다. 몬테소리 교육은 스스로 학습한다. 스스로 학습하는 자동교육이기 때문에 준비된 환경이 필요하다. 환경이 아이를 교육한다. 따라서 환경에는 장애물이 없어야 한다. 하지만 우리는 넘치는 정보의 홍수 속에 아이를 위한다는 명목으로 아이에게 장애물을 씌우고 있는지도 모른다. 우리가 아이에게 제공하는 것이 진정으로 아이의 발달을 위한 것인지 아니면 독이 되는지, 더욱 현명한 판단을 해야 할 때다.

이 책을 통해서 많은 사람이 보다 쉽게 몬테소리 교육을 접할 수 있기를 소망한다. 또한 0~3세 아이의 정신의 세계를 이해해서 보다 효율적이고 행복한 양육이 되기를 기대한다. 끝으로 이 책을 출판하기까지 도와주신 모든 분께 감사드리며 특히 아기 그림을 그려준 나의 딸 이 소담, 그리고 많은 조언을 해 주신 몬테소리를 사랑하는 사람들의 모임(몬사모) 회원들에게 감사드린다.

정이비

Prolog

  This book was written with three main purposes. First, Dr. Maria Montessori's application is to be presented directly to the public. Dr. Maria Montessori has been trying to be a spokesperson for children all her life. As an excellent observer, he observed the children deeply and discovered their hidden characteristics. Her over ten-volume book finds that children are not troublemakers, as we think they are, but rather the owners of an amazing mind that keeps repeating and concentrating for hours if they find what they want. We really didn't know about the children. So through Dr. Montessori's application, I wanted to tell him what the scientist thought about the children he observed and judged. I wanted to understand the nature of the children through this book and help them more correctly.

  How are the spirits of babies shaped? Babies are learning the unique qualities that only humans who live in the environment can explore, order and communicate etc. In addition, babies are born with many potential possibilities and have energetic energy to stimulate them to experience them in real life. And there is a special memory system that can store it. Not only that, but above all, this is possible because babies of this age have a sensitive sensitivity that allows them to grow so vigorously. As such, the second intention was to focus the developmental development of babies aged 0-3 years on the mental side rather than the physical side. Korean babies and American babies grow at similar times. All babies around the world show the same human characteristics at the same time. This phenomenon shows that the growth of the baby is not according to the educator's curriculum, but the natural law of human development. Dr. Montessori stressed this: "The spirit of the baby grows according to the laws of nature." So I wanted to talk about the nature of the baby that shapes the baby's spirit.

The third intention is information about the obstacles of the children. Obstacles do not affect children who have already developed, but they can be fatal for babies in early development. Montessori education cares about the environment. The environment educate the child. In order for children's nature to develop well, there must be no obstacles to the environment. But we may not be able to determine what information is needed in a flood of information. So it is for the child, but he may be putting an obstacle on the child. It's time to make more wise judgments about what I offer to my child to really develop or to be toxic. I hope this book will make it easier for many people to be interested in Montessori education, and to be an effective parenter by understanding the spirit and natural laws of 0-3 year olds. Finally, I would like to thank everyone who helped me to publish this book, especially my daughter who drew the picture, and to the members of Monsamo who loved Montessori for their advice.

Eibi Chung

1. 탄생은 부모가 도약할 수 있는 기회이다.
2. 아이는 엄마의 입김으로 자란다.
3. 아빠의 존재는 인류의 다른 반쪽이다.
4. 인류 진화를 보장하는 것은 아이들이다.
5. 아이에게는 질서가 필요하다.

부록 1.
닥터 몬테소리가 신생아를 둔 부모님께 들려주는 어드바이스

제1장

아기의 탄생
THE BIRTH OF A BABY

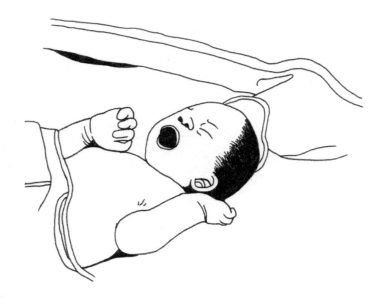

1 탄생은 부모가
도약할 수 있는 기회이다.

온도, 빛, 소리 등 모든 것이 태아에게 낙원이었던 엄마의 자궁을 떠난다는 것은 태아에게는 위기이다. 그러나 위기는 또한 새로운 도약의 기회가 될 수 있다. 아이는 좁은 자궁 속의 환경을 떠나 더 넓은 환경에 살 게 된다. 엄마와 직접적으로 상호작용하면서 모든 감각 기관은 비로소 활기를 띤다. 그 덕분에 불과 3개월 만에 아이의 두뇌는 급격히 성장한다. 아이뿐 만 아니라 어른 또한 변화한다. 최근 신경 과학 연구에 의하면 처음 엄마가 되면 아이 목소리, 체취, 표정, 몸짓, 접촉에 특히 민감하게 반응하면서 뇌의 뉴런들이 새로 배치되고 연결되는 활발한 변화가 일어난다고 한다. 그래서 아이를 출산하고 나면, 임신 사실을 알았을 때와는 전혀 다른 뇌를 갖게 된다고 한다. 아이의 뇌 역시 부모의 모든 표정, 어조, 몸짓, 말 한마디에 민감하게 반응하면서 끊임없이 변화한다. 아이만 새로 태어나는 것이 아니라 한 여성이 엄마로, 한 남성이 아빠로 다시 태어나는 것이다. 그래서 아이를 양육하는 것은 한 여성이 엄마가 되어가는 과정을 배우는 것이며, 한 남성이 아빠가 되어가는 과정을 배우는 것이다. 이들은 한 쌍의 남녀가 새롭게 부모로서 탄생하는 것이다.

탄생은 부모가 도약할 수 있는 기회이다.

  아이의 탄생은 엄마와의 분리의 긍정적 측면을 설명 할 수 있는 분명한 예이다. 비록 태아가 엄마의 몸에서 수개월 동안 보낸 안전한 환경을 떠나야만 한다고 해도, 이 환경의 상실은 훨씬 더 넓은 범위의 경험에 의해 보완된다. 모든 감각은 아이와 엄마의 직접적인 상호 작용으로 인해 커다란 자극을 받게 될 것이다. 엄마와 다른 사람들과 피부 접촉, 입의 사용, 언어 및 공간에서의 움직임, 영양분을 받아들이는 새로운 방법은 긍정적인 변화이므로 불과 3개월 만에 아이 뇌의 세포가 증가 할 수 있다. 엄마에 대한 새로운 연결은 팔과 가슴으로 이루어지며 탯줄과 태반을 비교할 때 보다 확실히 더 좋다.

Silvana Montanaro
<Understanding the Human Being>

Birth is an opportunity for parents to leap forward.

Birth is a clear example that can illustrate the positive aspect of separation. Even if the fetus must leave what has been for many months his safe environment in the mother's body, the loss of this environment is more than compensated by the much wider range of experiences; all the senses will receive a great stimulation due to the direct interaction of the child with the mother. The skin to skin relationship with mother and other persons, the new way of receiving the food through the use of the mouth, the spoken language and the freedom of movement in space are such positive change that in only three months enables the brain's cells to increase enormously their connections. The new attachment to the mother is done with her arms and breast and it is certainly a better one if compared with the umbilical cord and placenta.

Silvana Montanaro
<Understanding the Human Being>

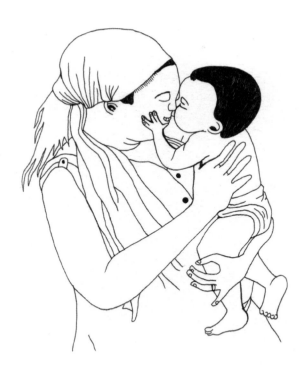

2 아이는 엄마의 입김으로 자란다.

  사람들은 일반적으로 엄마가 아이를 돌본다고만 생각한다. 그러나 출산 후 6~8주기간은 엄마와 아이가 서로를 돌보고 있다. 적어도 이 기간만큼은 두 사람은 떨어져서 살 수 없다. 가장 가깝게 있어야 한다. 아이는 엄마의 입김으로 자라고 엄마는 아이가 있어야 살 수 있다. 만일 엄마로부터 아이를 빼앗아 간다면, 엄마는 상상도 할 수 없을 만큼 고통스러울 것이다. 그래서 이시기는 엄마가 아이를 돌보지만 아이 또한 엄마를 도와준다고 생각할 수 있다. 엄마는 아이에게 새로운 환경에 적응할 수 있는 둥지 역할을 하며, 아이는 엄마의 신체적 회복을 도와줄 수 있다. 아이가 엄마 젖을 빨면 자궁 수축을 도와 엄마의 체형은 임신 전과 같이 빨리 회복될 수 있다. 우리는 이 기간을 공생 기간이라고 한다. 이 기간 동안 엄마는 아이에게 젖을 먹이고 안아주고 돌보면서 마치 예전에 한 몸이었던 것처럼 두 사람만의 특별한 관계를 다시 형성한다. 이때 형성된 엄마와 아이와의 관계는 어떤 관계보다 깊고 끈끈하다. 이러한 관계는 평생을 좌우하는 영원한 관계로 지속되며 이때 형성한 정서적 유대감이 앞으로 아이가 펼쳐 나갈 인간관계의 모델이 된다. 이것은 나아가 환경에 대한 기본적인 신뢰감을 형성한다. 엄마와 아이와의 끈끈한 애착이 형성되면 아이는 이 세상이 안전하며 편안하고 살 만한 곳이라고 생각하게 된다. 이렇듯 환경에 대한 기본적 신뢰감은 공생을 토대로 생후 2개월 이내에 생길 수 있다.

아이는 엄마의 입김으로 자란다.

    신생아는 엄마의 팔이 새로운 삶을 시작하는데 자신을 안심시킬 수 있는 둥지와 같다는 느낌이 들 필요가 있다. 반면에 엄마는 복부에 갑자기 상실한 것을 보완하기 위해 신생아를 팔에 안는 것을 필요로 한다. 태내에서 몇 달 동안 성장하면서 함께 했지만, 아이는 탄생의 순간에 아주 빨리 사라졌다. 엄마의 공허감을 육체적으로나 정신적으로나 극복하는 가장 자연스러운 방법은 아이와 가까이 있어야 한다는 것이다. 이것은 엄마와 아이 모두에게 중요한 안정감을 준다. 이 안정감은 진심으로 가까이 있음으로만 느낄 수 있다.

Silvana Montanaro
<Understanding the Human Being>

The baby grows by the breath of the mother

The newborn needs to feel that the mother's arms are the reassuring container of its new life while the mother needs the newborn in her arms to compensate for the sudden loss of what was in her abdomen. Although it grew gradually for months, it went away very quickly at the moment of birth. Her feeling of emptiness is both physical and psychological and the most natural way to overcome it is to stay close to the child. This gives an important feeling of security to both mother and child. This security can only be conveyed through true proximity.

Silvana Montanaro
<Understanding the Human Being>

3 아빠는 인류의 다른 반쪽이다.

　가정에서 엄마의 역할만큼이나 아빠의 역할이 중요하다. Dr. Silvana Montanaro는 아빠의 존재는 인류의 다른 반쪽에 관해 배울 수 있는 가능성을 나타낸다.라고 하였다. 건강하고 화목한 가족은 대체로 엄마의 역할과 아빠의 역할이 균형 있게 이루어져야 하지만 오래전부터 아이들 양육에서는 엄마의 역할이 지나치게 강조되어 왔다. 그러나 다행히도 요즘에는 점차 아빠 역할이 점점 더 확대되고 있는 듯하다. 아빠의 사랑과 지지를 받고 성장한 아이들의 성공 사례는 우리 주변에서 아주 쉽게 찾을 수 있다. 영국 옥스포드 대학의 심리학자 로스파크는 1958년 만 칠 천명의 아이를 33년간 추적 조사하였다. 이 아이들이 자란 후 안정적이고 행복한 가정을 꾸린 사람들의 공통점을 조사해보니 특별히 어릴 때부터 아빠와 관계가 좋았다는 것이다. 이들은 또한 사회성과 성취욕이 높았다. 그는 아이의 심리적 성장 발달에 미치는 아빠의 고유 영향을 개념화하여 이것을 "아빠 효과"로 발표하였다. 아빠는 엄마가 임신 중이거나 출산할 때 항상 함께하며 엄마를 마음으로 지지할 수 있다. 또한 출산 후 엄마와 아이가 둘만의 밀도 있는 시간이 필요하다는 것을 아는 아빠는 두 사람이 특별한 시간을 갖도록 배려할 수 있다. 이것을 위해서 아빠는 아이의 형제자매를 돌보거나 외부 손님들이 오면 맞이한다. 엄마가 모유 수유하는 동안 좋은 영양 상태를 유지할 수 있도록 요리도 한다. 최근 연구에 의하면 아내가 임신하면 남편도 생물학적 호르몬 변화가 일어난다고 한다. 남성호르몬이 줄어들고 여성호르몬이 증가하고 공격적 성향은 낮아지고 공감 능력이 높아진다. 이러한 가족을 돌보는 주변의 일과 함께 아빠는 아이와 직접 유대감을 형성하도록 노력할 수 있다. 아이의 목욕은 항상 아빠가 전담하거나 기저귀 갈아주기, 안아 주기, 놀아 주기 등 아이와의 많은 보살핌을 제공할 수 있다. 실례로 아빠가 안아주고 먹여주고 돌보았던 아이는 독립심과 자율성이 발달하고 자존감 또한 높았다는 사례 보고도 있다. 엄마와만 친밀한 아이들은 엄마와의 애착만이 강하게 형성되고 지나치게 엄마를 의존한다. 반면에 아빠의 적극적인 보살핌으로 자란 아이는 한쪽으로 편중되는 사랑이 아니라 엄마와 아빠가 함께 이루어 가는 이상적인 가족의 환경을 경험할 수 있어 더욱 행복하다.

아빠는 인류의 다른 반쪽이다.

　두 파트너가 임신을 결심하거나 임신이 되는 순간부터 즉시, 새로 태어날 아이를 돕고 보호하려는 준비를 할 수 있다. 아빠와 엄마는 "기본적인 인간 사회"를 대표한다. 이 기본 사회에서 아이는 자신의 잠재력 발달에 대한 최초의 기본 경험을 갖게 된다. 인간은 부계와 모계의 염색체의 단순한 유전에서부터 왔지만 완전한 인간의 특성을 획득하려면 인간의 환경이 필요하다.

Silvana Montanaro
<Understanding the Human Being>

The presence of the father represents the other half of humanity.

From the moment the two partners decide to generate or find themselves involved in a pregnancy, there is immediately an opportunity for working together to help and protect the new human being. The father and mother represent the "basic human society" in which the child will have its first fundamental experiences towards the development of his human potential. A human being comes from the simple inheritance of paternal and maternal chromosomes but the acquisition of complete human characteristics requires a human environment.

Silvana Montanaro
<Understanding the Human Being>

4 인류 진화를 보장하는 것은 아이들이다.

인간과 동물의 기원을 보면 인간이 왜 정신적인 존재인가를 이해할 수 있다. 동물은 자신의 생존을 위해 많은 것을 소유한 채 태어난다. 그러나 인간은 무방비한 상태에서 태어난다. 만약 동물들이 인간과 같은 생각을 할 수 있다면 인간은 마치 신이 버린 존재처럼 느낄 것이다. 인간은 호랑이의 발톱도, 북극곰의 털가죽도, 토끼의 이빨도 없는 상태에서 맨몸으로 태어났다. 추운 빙하기에 옷도 없이, 무기도 없이, 그들의 자손과 함께 이 세상에 던져졌다. 그런 조건에서, 그들은 어떻게 살아남을 수 있었을까? 그들은 두뇌를 써야 했다. 추위를 극복하고 무기를 만들고 자손을 유지할 두뇌가 필요했다. 인간은 생존을 위해 노력했고 뒷다리로 걷고 손을 사용해서 문명을 발달시켰다. 아이들 또한 무력하게 태어났기 때문에 이것이 부모들을 결속하게 했다. 어쩌면 남자와 여자는 그저 동물 수준에 머물러서 평생 별개의 삶을 살았을 것을, 아이들이 매개로 하여 가족이라는 집단을 구성하게 하였으며 인간을 소통하게 했다. 어머니는 아이를 돌보고, 아버지는 식량을 구해오면서 자연스럽게 협업과 분업이 시작되었고 점차 이 사회는 아이들을 교육하기 위해 관습과 종교, 의식 등이 구체화하였다. 아이가 없었다면 인류는 아마도 인간의 잠재력을 깨닫지도 인간의 정신도 표현할 수 없었을 것이다. 아이는 인간 진화를 이끌어 온, 이 모든 유산을 후대까지 전하는, 정신적인 사람이다.

인류 진화를 보장하는 것은 아이들이다.

아이들 때문에 그리고 아이들을 통해서 인간은 각 그룹에 맞는 일종의 본능을 각 지역에 영속시킨다. 인간이 열대 우림에서 북극 주변에 이르기까지 모든 환경에 적응된 행동을 만든 것이 사실이지만 영속성을 부여하는 요인은 '너의 행동의 안정성, 정신의 안정, 영혼의 안정, 내가 나 자신에게 책임을 지겠다'고 말하는 것 같은 아이들 때문이다. 그것은 아마도 아이가 사회에 준 가장 큰 공헌일 것이다. 인간의 속성은 행동을 창조하는 것이고, 아이의 속성은 그 행동을 위해 갈구하는 것이다, '나는 나 자신을 위해 그것을 원한다. 왜냐하면, 그것은 당신이 나에게 줄 수 있는 가장 고상한 선물이기 때문이다.' 이것이 몬테소리 박사가 말한 의미이다. '아이는 정신적 존재이다. 아이는 정신적인 모든 것을 후대까지 전하는 사람이다. 그는 인간 진화를 보장하는 긴 역사의 고리이다.'

Mario, Montessori
〈인간의 경향성과 몬테소리 교육〉

Children guarantee human evolution.

Because of the children-and through the children -Man perpetuates a sort of instinct, suited to each group, to each locality. While it is true that Man created a behaviour which was adapted to any environment, from that of the tropical forests to that around the North Pole, the agent that gives it permanence is the child who seems to say, 'The stability of your behaviour, of your spirit, of your soul, that responsibility I take upon myself. That is perhaps the greatest contribution the child gave to society. The tendency of Man is to create a behaviour, that of a child is to hunger for that behaviour, with the attitude of one who says, 'I want it for myself. Because that is the loftiest gift you can bestow upon me'. That is what Dr. Montessori meant when she said, 'The small child is a spiritual being. He is the perpetuator of all that is spiritual. He is the link in the long chain of history that ensures human evolution'.

Mario, Montessori
<The Human Tendencies and Montessori Education>

5 아이에게는 질서가 필요하다.

아이들이 질서에 대해 예민하다고 주장하면 사람들은 의아해할지 모른다. 왜냐하면 일반적인 사람들이 생각하기에 아이들은 무질서하다고 여기기 때문이다. 그러나 이 또한 아이에 대한 몰이해이다. 아이는 질서를 사랑한다. 아니 아이는 무질서 속에서 생활할 수 없다. 무질서는 아이들을 고통스럽게 만들고, 이러한 고통은 결국 울음으로 표현된다. 몬테소리 박사는 그녀의 많은 저서에서 질서의 민감기인 아이를 묘사했다. 새로 온 보모가 아이를 목욕을 시키는데 처음 보모와는 다른 방식으로 목욕을 시켰다. 처음 보모는 아이를 머리부터 씻겼지만 두 번째 보모는 아이를 다리부터 씻겼고 아이는 손발을 흔들어 저항하며 발버둥 치려고 했다. 어른들이 아이의 심리 상태를 이해하기는 쉽지 않다. 또한 아이의 많은 거부와 저항과 불만의 표시가 아이들이 알고 있는 질서가 깨져서 생긴 일이라는 것은 더구나 이해하기 쉽지 않다. 아이가 질서에 집착하는 것은 막연하고 혼란스러운 환경이 아니라 정확하고 분명한 안내가 그들의 성장 발달에 필요하기 때문이다. 몬테소리 박사는 '질서가 없다면 가구는 있으나 그 가구를 들여놓을 방이 없는 인간의 상태와 같다'라고 하였다. 질서감이 충족되면 아이의 생활은 안정되며 정신적인 질서도 형성된다. 물론 이 질서는 단순히 환경의 물리적 질서만을 언급하는 것이 아니다. 사람과 사람과의 관계에서의 일관된 태도, 자고 먹고 씻고 하는 하루 일상의 생활 리듬도 질서 영역에 포함된다. 그렇다고 이 질서에 대한 예민함은 평생 가는 것은 아니다. 질서에 집착하는 현상은 유아기의 일시적인 과정이며 성장함에 따라 점차 이 예민함은 사라진다.

아이에게는 질서가 필요하다.

    질서를 사랑하는 아이는, 어른이 질서를 사랑하는 것과 분명하게 같지는 않다. 어른에게 질서는 어느 정도 외부 환경에 대한 기쁨을 제공한다. 그러나 작은 아이에게는 그것은 아주 다른 것이다. 질서는 아이에게는, 동물이 걸어 다닐 수 있는 땅과 같고, 물고기가 수영하는 물과 같이 절대적이다. 생애 첫해에 아이들은 이후에 정복해야만 하는 그들의 환경으로부터 그들의 살아가는 방향성의 원칙을 배워간다. 아이는 환경에 의해 형성되기 때문에 단순히 막연하고 구조적인 형식이 아니라 정확하고 분명한 안내가 필요하다.

마리아 몬테소리
〈어린이의 비밀〉

Babies need order.

Obviously the love of order in children is not the same as that of adults. Order provides an adult with a certain amount of external pleasure. But for the small children it is something quite different. It is like the land upon which animals walk or the water in which fish swim. In their first year (children) derive their principles of orientation from their environment which they must later master. And since a child is formed by his environment he has need of precise and determined guides and not simply some vague constructive formulae.

Maria Montessori
<The Secret of Childhood>

부록
1

닥터 몬테소리가
신생아를 둔 부모님께
들려주는 어드바이스

1. 적어도 태어나서 2달은 엄마와 아이가 함께 있어야 한다. 엄마가 아닌 다른 사람에게 아이를 맡기지 않는다. 아이는 엄마와 가능한 한 많은 접촉을 해야 하며, 아이를 홀로 고립시키지 않는다.

2. 아이가 느끼는 기온이 태어나기 전에 익숙했던 태내의 기온과 같도록 유지시켜준다. 또한 태내에서 자유롭게 몸을 움직이듯, 태어난 후에도 자유롭게 움직일 수 있도록 도와준다. 지나치게 아이를 옷으로 싸매지 않는다. 특히 손으로 자유롭게 탐색할 수 있도록 손싸개를 하지 않는다.

3. 실내의 공기가 맑도록 유지하며 지나치게 강한 빛과 소음을 피한다.

4. 아기를 놀라게 하거나 거칠게 다루지 않는다. 아이를 다루고 옮기는 방법에 세심한 주의가 필요하다.

5. 새로운 환경에 갑자기 노출시키지 않는다. 태어나자마자 친척들이 아이에게 입을 맞추고 끌어 안지 않도록 한다.

6. 아이는 감각 기관을 통해서 주변의 환경을 능동적으로 받아들이고 있다. 부드럽게 아이의 감각 자극을 지원한다.

7. 아이는 생후 첫 시기에 주변 환경의 정보를 아주 깊이 빨아들이며 이것으로 아기는 자신을 형성해 가고 있다. 주변의 환경을 두루 볼 수 있는 위치에 아이를 놓는다. 아이가 특별한 것에 관심을 보이면 거기서 걸음을 멈추고 아이가 그것을 마음껏 살피고 탐색하도록 배려한다.

8. 아이를 우리가 살고 있는 삶의 한가운데에 두어야 한다. 그래야만 아이가 가족들이 살아가는 모습을 보고 가족들의 대화를 들을 수 있기 때문이다.

9. 아이를 항상 존중하고 섬기는 태도를 가져야 한다.

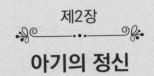

제2장

아기의 정신

THE SPIRIT OF THE BABY

6 아이의 정신은 특별하다.

아이는 무력하게 태어난다. 송아지는 태어나자마자 혼자서 엄마 젖을 찾기 위해 휘청거리면서 일어선다. 그리고 몇 걸음을 뗀 후 엄마 젖을 찾아서 빤다. 그러나 아이는 엄마 젖을 찾을 수 없다. 엄마 가슴 가까이에 아이를 안겨 주어 야지 아이가 엄마 젖을 찾을 수 있다. 아이는 미숙하게 태어난다. 그리고 아이 들은 모든 것을 창조해야 한다. 어떻게 애초에 없었던 것을 만들어 낼 수 있을 까? 무엇이 이것을 가능하게 할 수 있을까? 혹자는 미숙하게 태어난 아이의 존 재 때문이라고 한다. 미숙하게 태어났기에 발달할 것이 많고 아무것도 없기에 채울 것이 많다. 그렇다면 모든 것을 채울 수 있는 아이의 힘은 어디에서 나오 는가? 그것이 바로 아이 정신의 위력이다. 아이의 정신은 어른의 정신과는 다르 다. 어른들은 가진 것을 발전시키면 되지만 아이들은 모든 것을 새로 만들어 가 며 창조해야 한다. 오직 누워만 있던 아이가 두 발로 걷게 되고, 오직 울기만 했 던 아이가 고도화된 언어를 구사한다. 그렇다! 이 성취는 모든 창조 중에서 가 장 위대하다. 이 위대한 과업이 가능한 것은 바로 아이들의 정신, 특별한 정신 이 있어서 가능하다.

아이의 정신은 특별하다.

    아이가 가진 유일한 표현 수단은 울음 뿐이다. 인간 존재에서 발달은 단순히 발달의 문제만이 아니다. 그것은 제로에서 시작하는 창조의 문제이다. 그것은 아이가 떼는 거대한 발걸음으로, 무에서 유로 건너가는 걸음이다. 이처럼 무에서 유를 창조하는 것에는 우리 어른들과 다른 유형의 정신이 필요하다. 그리고 아이가 성취하는 것은 절대로 작은 창조가 아니다. 이 성취는 모든 창조 중에서 가장 위대한 창조이다. 아이는 언어만이 아니라 말을 가능하게 하는 신체 기관까지 창조한다. 아이는 모든 운동을 창조하고 또 지성의 모든 면을 창조한다. 아이는 인간 정신이 갖춰야 할 모든 것을 창조한다. 대단한 성취이다.

마리아 몬테소리
〈흡수정신〉

The baby's mind is special.

He can only express himself by crying. In man's case, therefore, we are not dealing with something that develops, but with a fact of formation; something nonexistent has to be produced, starting from nothing. The wonderful step taken by the baby is to pass from nothing to something, and our minds find it very hard to grapple with this conundrum. A mind different from ours is needed to take that step. The child has other powers than ours, and the creation he achieves is no small one; it is everything. Not only does he create his language, but he shapes the organs that enable him to frame the words. He has to make the physical basis of every moment, all the elements of our intellect, everything the human being is blessed with.

Maria Montessori
<The Absorbent Mind>

7 영혼의 성장을 위한 길을 열어주어야 한다.

　　0에서 3세의 시기는 일생에서 가장 활발한 신체적 성장이 일어나는 시기이다. 몸무게는 태어나서 일 년쯤 되면 3배로 증가하고 40~50cm였던 키는 3년째 1m 정도로 성장한다. 겉으로 보기에는 신체적 성장이 두드러지지만 그만큼 내면의 정신적 변화가 뚜렷하다. 그러나 어른들은 아이의 이러한 신체적 성장 발달에 대해서는 많은 관심을 두지만 정작 아이의 정신적 내면이 어떻게 발달하는지에 대한 관심과 이해도가 부족하다. 몬테소리 박사의 관심은 아이의 신체적 성장도 중요하지만 더욱더 중요한 것은 정신적 성장이라고 하였다. 몬테소리 박사는 아이는 두 번의 태아기를 거친다고 하였다. 첫번째는 엄마 태내에서 성장하는 열 달 동안의 신체적 태아기이며 두 번째는 태어난 이후 3년 동안 정신적 기관을 형성하는 정신적 태아기이다. 아이가 임신 중 태내에서 엄마의 보호를 받고 모든 신체적 기관이 성장하듯 탄생 후에 아이는 정신적 기관이 형성되도록 모든 환경의 준비와 보호가 필요한 정신적 태아기가 있다. 이 기간에 아이는 인간으로서 살아갈 수 있는 언어, 운동, 정서, 의지, 지성 등의 정신적 기관이 형성된다. 따라서 아이에게 필요한 것은 신체적인 돌봄 뿐 만 아니라 영혼의 성장을 위한 길을 열어주어야 한다. 정신적 태아기의 시기에 정신적 기관이 올바르게 형성되도록 영혼의 성장을 도와주는 것이 더욱 더 중요하다.

영혼의 성장을 위한 길을 열어주어야 한다.

　　지금까지 대부분의 부모는 아이들의 성장을 위해 필요한 신체적인 돌봄에는 무척 익숙해 있다. 그들은 적절한 영양 공급의 법칙, 적절한 온도 조절, 신선한 공기를 마시면서 놀 수 있게 많은 배려를 하고 있다. 그러나 아이들은 먹고 살아야 하는 작은 동물일 뿐 만 아니라 출생할 때부터 영혼을 갖고 태어난 존재이기 때문에, 우리가 아이들의 복지에 관심을 가져야 한다면, 그들의 육체적 필요를 만족시키는 것 만으로는 충분하지 않다.

　　우리는 아이들의 영혼 성장을 위한 길도 열어 주어야 한다. 우리는 신생아가 태어나는 순간부터 그들의 영혼의 충동을 존중해야 하며, 그런 충동을 도와줄 방법을 알아야 한다.

　　신체적인 건강을 위해 따라야 할 분명한 법칙이 있다. 하지만 영혼의 건강을 위한 법칙은 더 넓은 영역에 걸쳐 확산되어야 하며, 제대로 이해되어야 한다. 아이들은 먹는 것 만 필요하다고 느끼지는 않는다. 아무에게도 간섭받지 않고 아이들 스스로가 어떤 행동을 했기 때문에 얻는 기쁨은, 아이들이 자기 내부에 스스로 하고자 하는 커다란 욕구가 있다는 것을 보여주는 것이다. 아이들의 활동을 개입해서 방해하는 대신에 우리는 스스로 하고자 하는 욕구를 발달시킬 방법들을 알고 도와주어야 한다.

마리아 몬테소리
〈가정에서의 유아〉

We must respect the impulses of his spirit and know how to support them.

Now, as ever, almost all mothers are well versed in the kind of physical care necessary for the growth of their children and they know the rules of proper diet, proper adjustment to temperature and the advantages of play in the fresh air that increases the oxygen supply to the lungs. The child is not merely a little animal to feed, but from the time of his birth, a creature with a spirit. If we must look after his welfare, then it is not enough to content ourselves with his physical needs: we must open the way for his spiritual development. We must, from the very first day, respect the impulses of his spirit and know how to support them. There are clear rules to follow for physical hygiene, but the rules for spiritual hygiene extend into a larger realm and are yet to be understood. The child not only feels the need for food. His joy at achieving certain given movements with which no one interferes is for us a sign of his vast inner necessities. Instead of inhibiting his activity, we must create the means for him to develop it.

Maria Montessori
<The child in the family>

8 아이에게는 예민한 감수성이 있다.

아이들은 무의식적으로 배운다. 아직 의식이 생기기 전이다. 배운다는 것은 무엇인가? 배우겠다는 의지가 있어야 하고 그 대상에 대한 주의 집중력이 있어야 한다. 또한 배운 지식을 체계화할 수 있는 지능이 있어야 한다. 그러나 아이에게는 아직 어떤 것도 발달되어 있지 않다. 어른과 같은 의지, 주의력, 지능이 아직 발달하지 않았는데 아이는 무언가를 배울 수 있을까? 사실 아이는 주의력, 의지, 지능이 형성되어 있지 않아도 어른보다 더 잘 배울 수 있다. 과연 무엇이 그것을 가능하게 한 것인가? 그것은 바로 아이에게만 있는 강렬하고 예민한 감수성 때문이다. 이 예민한 감수성이 어린 시기 유아기에만 나타난다. 몬테소리 교육에서는 이 시기를 민감기라고 부른다. 이 민감기는 아이들이 인간의 중요한 능력을 형성할 0~6세의 일정한 시기 동안 주어진다. 이 예민한 감수성으로 아이는 자신을 둘러싼 환경으로부터 언어, 운동, 질서, 감각, 사회성 등 모든 정보와 이미지를 힘들이지 않고, 애쓰지 않고 받아들일 수 있다.

아이는 예민한 감수성을 가지고 있다.

아이는 어른들과는 다른 힘을 가지고 있으며 아이가 이룩한 창조는 결코 작은 것이 아니다. 그것은 모든 것이다. 아이는 자신의 언어를 창조할 뿐 만 아니라 언어를 담을 수 있는 기관을 형성한다. 아이는 모든 육체적 기초, 지능의 모든 요소, 인간이 축복받은 모든 것을 만들어야 한다. 이 훌륭한 결과물은 의식의 산물이 아니다. 우리 어른들은 우리가 무엇을 원하는 지를 안다. 우리가 무언가를 배우고 싶다면 의식적으로 배우도록 스스로를 계획한다. 그러나 이와 같은 의식은 아이에게 존재하지 않는다. 아이는 지식과 의지 둘 다 창조되어야 할 것이다. 우리가 어른들의 정신을 의식이라고 부르면 아이의 정신은 무의식이라고 불러야 하지만, 무의식이 반드시 열등한 것은 아니다. 무의식적인 마음이 가장 지적일 수 있다. 모든 종의 곤충 중에서도 그것을 발견할 수 있다. 그들은 종종 이성이 부여된 것처럼 보이지만 무의식인 지능을 가지고 있다. 아이는 이러한 무의식적 유형의 지능을 가지고 있으며, 그것이 그의 놀라운 발달을 가져오는 것이다. 무의식은 아이의 주변 환경에 대한 지식으로 시작된다. 아이는 자신의 환경을 어떻게 흡수하는가? 아이는 우리가 지금 아이가 가지고 있다고 알고 있는 그러한 특징들 중 하나 때문에 오로지 그것을 한다. 이것은 환경에 관한 너무 많은 관심과 열정을 일깨워 아이의 존재에 통합되는 결과로, 강렬하고 특화된 민감성이다. 아이는 이러한 인상을 정신만이 아니라 자신의 삶 자체로 흡수한다.

마리아 몬테소리
〈흡수정신〉

A child has an intense and specialized sensibility.

The child has other powers than ours, and the creation he achieves is no small one; it is everything. Not only does he create his language, but he shapes the organs that enable him to frame the words. He has to make the physical basis of every moment, all the elements of our intellect, everything the human being is blessed with. This wonderful work is not the product of conscious intention. We adults know what we want. If we desire to learn something, we set ourselves to learn it consciously. But the sense of willing does not exist in the child; both knowledge and will have to be created. If we call our adult mentality conscious, then we must call the child's unconscious, but the unconscious kind is not necessarily inferior. An unconscious mind can be most intelligent. We find it at work in every species, even among the insects. They have an intelligence which is not conscious though it often seems to be endowed with reason. The child has an intelligence of this unconscious type, and that is what brings about his marvelous progress. It begins with a knowledge of his surroundings. How does the child assimilate his environment? He does it solely in virtue of one of those characteristics that we now know him to have. This is an intense and specialized sensitiveness in consequence of which the things about him awaken so much interest and so much enthusiasm that they become incorporated in his very existence. The child absorbs these impressions not with his mind but with his life itself.

Maria Montessori
<The Absorbent Mind>

9 아이에게는
생동감 넘치는 충동이 있다.

아이에게는 생동감 넘치는 충동이 있다. 또한 예민한 감수성이 있기에 그 시기 동안 아이들은 대단히 강력하고 빠른 성장을 이룩한다. 빠른 성장의 힘은 아이들에게 내부로부터 뭔가를 하라고 촉구하는 충동이 있기 때문이다. 이 충동은 생동감이 넘치고 활기차다. 몬테소리 박사는 이것을 아이 정신의 원동력이라 믿었고 그리스 신화의 "생명의 여신"의 이름을 빌려 호르메 Horme 라 불렀다. 막 걸음마를 배운 아이가 있다고 하자. 아이는 걷다가 넘어지면 다시 일어난다. 또다시 걷는다. 걷고 넘어지고 걷고 넘어지고, 아이는 왜 넘어지면 또 걷기를 반복할까? 활기찬 에너지 때문이다. 호르메 때문이다. 아이들은 이 힘 때문에 처음 획득한 동작을 반복하고 또 반복한다. 내부의 끓어오르는 에너지가 아이들을 끊임없이 움직이고 반복하도록 밀어붙인다. 아이 스스로 그 능력을 능숙하게 획득할 수 있을 때까지 끝없이 아이를 밀어붙인다. 호르메는 아이들의 본성이다. 자연스러운 본성이기 때문에 호르메가 이끄는 데로 행동하는 아이들은 기쁨이 넘치고 행복하다. 반면에 아이들의 이러한 욕구를 이해하지 못하면 아이들은 짜증을 내고 저항하게 된다. 이 호르메의 힘이 아이들로 하여금 인간만의 고유한 특성을 창조하도록 자극하고 있다.

아이에게는 생동감 넘치는 충동이 있다.

아이의 독립성은 탄생 직후부터 시작된다. 아이는 존재가 발달함에 따라, 그 자체가 점차 완벽해지고 그 길에서 발견되는 모든 장애를 극복한다. 이 활기찬 힘은 개개인에게 작용되고 그것을 자신의 진화로 이끈다. 이 힘은 호르메 Horme라고 불렀다. 호르메와 의지는 비슷한 점이 거의 없지만 종종 의지에 비유된다. 호르메에 비하면 의지의 힘은 아주 작아서 개개인의 의식에 너무 집착하게 되지만 호르메는 우리가 모든 진화의 원동력이라고 부르는 하늘이 내려준 힘을 지칭하는 것이다. 이 진화의 중요한 힘은 어떤 행동을 취할 의지에 따라서 아이에게 표현된다. 이것은 죽음 외에는 어떠한 것으로도 깨질 수 없다. 나는 우리가 그것을 묘사하는 더 좋은 단어를 가지고 있지 않기 때문에 그것을 '의지'라 부른다. 그러나 호르메는 의식과 이성을 함축하기 때문에 의지라고 할 수 없다. 이것은 아이들에게 뭔가를 하라고 촉구하는 잠재 의식적인 활기찬 에너지이며, 성장하는 아이들의 활동에서 나타나는 삶의 기쁨과 같다. 아이는 열정적이고, 항상 행복하다. 호르메는 일반적으로 모든 진화의 근원인 신으로부터 부여받은 생동감 있는 충동이다.

마리아 몬테소리
〈흡수정신〉

The baby has a lively urge to constantly try.

The conquest of independence begins from the first commencement of life. As the being develops, it perfects itself and overcomes every obstacle that it finds on its way. A vital force is active in the individual and leads it towards its own evolution. This force has been called horme. The horme is often compared to the will, although there is very little analogy between the two. The force of will is something too small and too much attached to the consciousness of the individual, whereas the horme is something which belongs to life in general, to what we might call a divine force which is the promoter of all evolution. This vital force of evolution is expressed in the child by a will to perform certain actions. This will cannot be broken by anything short of death. I call it 'will' because we possess no better word to describe it. It is not will, however, because will implies consciousness and reasoning. It is a subconscious vital force which urges the child to do certain things and in the normally growing child its unhindered activity is manifested in what we call ' joy of life,' The child is enthusiastic, always happy. Horme belongs to life in general, to what might be called the divine urge, the source of all evolution.

Maria Montessori
<The Absorbent Mind>

10 아이가 받아들인 정보는
아이 몸에 그대로 녹아 든다.

　어릴 때 아이들은 감각기관을 통해서 정보를 흡수한다. 그리고 아이들은 이 정보를 기억 깊숙한 곳에 저장한다. 어른들은 이미 수많은 정보를 접했다. 그래서 새로운 정보가 그렇게 새롭지 않다. 어른이 정보를 접하면 내부에 큰 변화가 일어나지 않지만 아이들에게는 이러한 정보가 큰 영향을 미친다. 단순히 기억되는 것이 아니라 몸에 새기듯 잠재의식의 정신을 형성하기 때문이다. 아이들이 받아들인 모든 정보는 거름 장치 없이 그대로 녹아든다. 아이 때 형성된 것들은 그 사람의 인격에 그대로 남는다. 만약 아이가 학대받는 환경에서 자라면 아이들은 학대받은 환경을 그대로 흡수할 것이다. 그리고 이것은 아이에게 깊은 상처가 되어 아이 몸에 새겨질 것이다. 아이가 성장한 이후에 이것을 극복하려 한다면 부단한 노력을 해야 할 것이다. 어쩌면 영원히 극복될 수 없을 수 도 있다. 동일한 예로 아이가 풍요로운 환경에서 자란다면 아이는 그것을 그대로 흡수한다. 이렇듯 아이 자신이 자란 환경은 아이들의 잠재의식 기억 체계를 이루고 이후의 일생에 지대한 영향을 미친다. 심리학자들은 인간이 세대를 거쳐도 고정된 이미지를 유지하고 종의 특성을 미세하게 재현하는 무의식의 기억이 있음을 강조한다. 동물에게 이것은 본능이다. Dr. 몬테소리는 이것을 그리스 신화의 "기억의 여신"의 이름을 따서 "므네메 (Mneme)"라고 불렀다. 이 무의식의 기억 체계가 인간의 고유한 특성을 결정한다. 우리가 인간으로서 조상의 특성을 이어받고 태어나듯, 이 기억 체계인 므뇌메는 인간만의 고유한 특성을 결정하고 이후에 대대손손 다음 세대에 영향을 미칠 것이다.

아이가 받아들인 정보는 아이 몸에 그대로 녹아 든다.

    아이는 환경과 관계를 맺을 때 어른과는 다르다. 어른들은 환경을 보며 감탄하고 그것을 기억하지만 아이는 그 환경을 흡수한다. 아이가 보는 것은 단순히 기억되는 것이 아니라 정신의 일부분을 형성한다. 아이는 눈으로 보고 귀로 들으면서 아이 자신은 내면에 모든 것을 몸에 새기듯 새겨 놓는다. 어른들 안에서는 변화가 일어나지 않으나 아이는 이것에 의해 변화된다. 어른들은 단지 환경을 기억하지만 아이는 그 환경에 적응한다. 이 특별한 종류의 활기 있는 기억은 의식적으로 기억하지 못하는 것이지만, 개인의 삶 속에서 녹아 있는 것이다. 이것은 심리학자들로부터 므뇌메 Mneme라는 특별한 이름으로 불렸다.

마리아 몬테소리
〈흡수정신〉

The information that a baby receives melts into its body.

The child stands in a different relationship to the environment. We(adults) may admire an environment. We may remember an environment, but the child absorbs it into himself. He does not remember the things that he sees, but he forms with these things part of his psyche. He incarnates in himself the things which he sees and hears i.e., in us there is no change, in the child trans-formations take place. We merely remember an environment while the child adapts himself to it. This special kind of vital memory, that does not remember consciously, but absorbs images into the very life of the individual has received from the psychologists a special name: they have called it Mneme.

Maria Montessori
<The Absorbent Mind>

11 아이에게는 엄청난 잠재력이 있다.

동물은 본능을 가지고 태어나지만, 인간은 특별한 가능성과 잠재력을 가지고 태어난다. 아이들은 은하수의 많은 별처럼 헤아릴 수 없는 잠재적 가능성을 가지고 태어난다. 이 잠재력은 무엇이 될지 모르지만, 환경의 경험을 통해서 하나 둘 씩 실현된다. 처음에는 가능성이기만 하였던 성운의 존재는 현실의 경험을 통해서 복잡하고 완전한 인간의 기관을 형성하게 된다. 우리는 0~3세의 무한한 가능성을 지닌 시기를 무의식적 흡수 시기로 구분한다. 이 시기 아이들은 내부에 성장하려는 강한 에너지에 의해서 보고 듣고 느끼는 모든 것을 흡수한다. 이 시기는 의식이 형성되기 전이기 때문에 생각이나 판단을 하지 못한다. 하지만 이렇게 형성된 무의식이 점차 우리가 알지 못하는 사이에 판단의 근거가 된다. 무의식적 습관과 학습은 우리의 마음과 생각에 지대한 영향을 미친다. 무의식은 놀라운 능력을 갖추고 있다. 이때 어떠한 환경을 제공할 것인가가 중요하다. 아이는 그 시대, 그 장소에 맞는 사람이 되기 위한 인간화의 과정에 있다. 아이들은 인생에서 대부분을 경험한 적이 없기 때문에 모든 것이 새롭다. 이시기는 기본을, 기초가 되는 토대를 만들고 있다. 그래서 아이들에게는 실제적인 현실을 제공해야 한다. 환상이나 상상을 위한 시간이 아니라 미래의 삶의 기반을 구축하는 시점이기 때문에 실제 만져보고 실제 느껴보는 실제 삶의 정보를 제공해야 한다. 따라서 아이들과 함께 일하는 어른들의 과제는 아이들이 삶의 현실을 위한 기반을 구축할 수 있도록 최대한 실제 현실에 열중하도록 도와야 한다.

아이에게는 엄청난 잠재력이 있다

아이는 미지의 힘을 타고 나며, 이 미지의 힘이 인류를 더욱 밝은 미래로 안내할 것이다. 더 많은 지식을 전달하는 것 만이 교육이 아니다. 교육은 지금과 다른 길을 걸어야 한다. 인격을 고려하고 잠재력을 개발하는 것이 교육의 중심이 되어야 한다. 그렇다면 그런 교육을 언제 시작할 것인가? 인간의 인격의 위대성은 출생하는 순간부터 시작된다. 이는 현실로 뒷받침되는 주장일 뿐만 아니라 놀랄 만큼 신비하기도 하다. 하지만 이제 막 태어났거나 생후 1년 내지 2년된 아이를 어떤 식으로 가르친단 말인가? …출생 후 첫 2년이 인생에서 가장 중요한 시기라는 결론에 도달했다. 따라서 이 시기의 교육은 아이의 정신적 능력이 최대한 발달될 수 있도록 돕는 데 목적을 둬야 한다. 아이에 대한 교육은 말로 가르치는 전통적인 교수법으로는 이루어질 수 없다.

마리아 몬테소리
〈흡수정신〉

Babies have tremendous potential.

The child is endowed with unknown powers, which can guide us to a radiant future. If what we really want is a new world, then education must take as its aim the development of these hidden possibilities. Our day has seen a great awakening of interest in the mental life of the newly born. Some psychologists have made special observations of the baby's growth from the first three hours after birth. Others, as a result of careful study, have come to the conclusion that the first two years are the most important in the whole span of human life. That education must start from birth. Strange, because, how, in a practical sense, can we educate a new born babe, or even an infant during the first two years of his life? What lessons shall we give to this tiny being who understands nothing of what we say, and cannot even move his limbs? Or do we mean only hygiene, when we speak of this little one's education? Not at all. We mean far more than that. During this early period, education must be understood as a help to the unfolding of the child's inborn psychic powers. This means that we cannot use the orthodox methods of teaching, which depend on talk.

Maria Montessori
<The Absorbent Mind>

부록
2

아이의 기억력 발달을
돕기 위한 4가지 팁

1. 아이들에게 과거에 있었던 일을 자주 물어보고 아이들의 지식수준을 늘 체크한다.

2. 대화할 때 아이들에게 누가 무엇을 언제 어떻게 했는지에 대한 주의를 집중하도록 질문을 이끈다. 이와 같은 내용에 집중시킨다면 사건을 자세히 묘사하는 능력을 키울 수 있을 것이다.

3. 언제 어떤 이유에서 그 일이 일어났는지 생각하는 방법을 가르친다. 이것은 어떻게 지난 일들을 기억하는지 그 방법을 가르치는 것과 같다.

4. 아이들은 자신의 주변에서 일어난 일을 표현하면서 이야기하기를 좋아한다. 아이들의 말하려는 의지가 사라지지 않도록 잘 들어준다.

12. 이유식의 성공은 아이의 자존감 변화를 가져온다.
13. 아이를 만드는 것은 아이 자신이다.
14. 아이에게 다가갈 때는 예의를 갖추어야 한다.
15. 아이의 관심은 어려움을 극복하는 데 있다.
16. 아이의 반항심은 자기 확신의 표현이다.

부록 3.
아이의 독립심 발달을 돕기 위한 10가지 팁

제3장

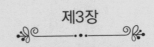

아기의 자발성

THE AUTONOMY OF THE BABY

12 이유식의 성공은 아이의 자존감의 변화를 가져온다.

아이의 몸은 나날이 성장하고 있다. 생후 5개월이 되면 빠르게 성장하여 태어날 때 몸무게의 2배가 된다. 아이는 이제 우유와 모유만으로는 부족하기 때문에 더욱더 많은 영양소를 섭취해야 한다. 이때가 이유식을 본격적으로 시작할 시기이다. 먼저 준비단계로 생후 3개월부터 아이에게 미음이나 제철 과일의 즙을 짜서 한 두 방울씩 입술에 축여준다. 이것은 영양소를 보충한다는 것보다는 단지 새로운 맛의 세계를 소개하는 데 의미가 있다. 일주일 단위로 새로운 과일의 맛을 소개한다. 또 하나 중요한 것은 아이가 스스로 먹는 연습을 해보는 것이다. 아이가 팔을 조절할 수 있을 때 아이 손에 유기농 쌀 과자를 쥐여 준다. 이것은 아이가 태어나서 처음으로 자신의 손으로 음식을 먹어보는 것이다. 이러한 준비 작업이 이루어지면 이제 본격적으로 이유식을 시작할 수 있다. 그냥 방바닥 아무 데나 아이 먹을 것을 접시에 놓아주는 것이 아니라 가능하면 아이 크기에 맞는 작은 이유식 테이블과 의자를 준비해서 먹는 자리를 정해준다.

이유식은 아이 성장에 맞는 음식의 변화도 중요하지만, 이유식이 주는 상징적 의미도 중요하다. 아이는 이제 스스로 앉을 만큼 성장을 하였고 이 성장에 맞추어 새로운 역량이 자랄 수 있도록 환경도 준비가 되어야 한다. 이제 더는 아이가 엄마 품에 안겨서 우유나 모유를 먹는 존재가 아니다. 아이는 성장했다. 그래서 이유식을 할 때 아이는 테이블을 사이에 두고 엄마와 서로 마주 보고 앉는다. 한 사람의 독립적인 주체로서 엄마 품을 떠나 엄마 앞에 마주보고 앉는 것이다. 이제 자신의 생존을 엄마로부터 100% 의존하는 존재가 아니라, 이제 한 사람의 개체로서 스스로 주도하는 사람으로 성장했다는 의미이다. 이것은 아이에게 새로운 인간관계의 시작을 알리며 아이 스스로에 대한 자존감에도 큰 변화를 가져온다.

이유식의 성공은 아이의 자존감의 변화를 가져온다.

어머니와 아이 사이의 작은 테이블과 함께, 이유식을 하는 동안 설정된 작은 물리적 공간은 심리적 공간의 구체적인 표현이다. 그것은 긍정적인 의미에서 "분리"의 시작이며, 자아와 독립에 대한 아이의 느낌을 키울 수 있게 해준다.

Silvana Montanaro
<Understanding the Human Being>

Weaning brings about a change in a baby's self-esteem.

The little physical space established during feeding, with the little table in between the mother and the child, is a concrete expression of a psychological space. It is the beginning of "detachment", in a positive sense, and it enables the child to develop his feelings of autonomy and independence.

Silvana Montanaro
<Understanding the Human Being>

13 아이를 만드는 것은 아이 자신이다.

성장을 수행하는 것은 어머니가 아니라 아이이다. 아이를 만드는 것은 아이 자신이다. 이 당연한 말이 어른들에게 그렇게 쉽지만은 않다. 어른들에게 아이를 간섭하고 개입하지 말고 지속적으로 수동 자세를 취하라고 요구하는 일은 어렵다. 과연 모든 것이 미숙한 아이가 일상생활을 할 때 자신의 속도대로 천천히 마무리하는 것에 조바심을 내지 않고 기다릴 수 있는 어른이 몇이나 될까? 그것이 잘 안 되기 때문에 몬테소리 박사는 강조한다. 아이를 위한 진정한 교육은 아이를 절대로 도와주지 말아야 한다는 것이다. 홀로 걸을 수 있는 아이는 반드시 자기 힘으로 걸어야 한다. 혼자 밥을 먹을 수 있는 아이는 반드시 혼자 먹을 수 있어야 한다. 혼자 옷을 입고 신발을 신을 수 있는 아이는 혼자 해야 한다. 왜냐하면 모든 발달이 연습을 통해서 강화되고, 모든 습득 또한 연습에 의해 더욱 강화되기 때문이다. 그래서 주변에서 흔히 보듯, 세 살짜리 아이까지 안고 다니거나 유모차에 태우고만 다니면, 그 아이는 발달에 도움을 받는 것이 아니라 방해를 받는 것이다. 아이가 독립을 획득한 뒤에도 아이를 계속 도와줄 경우에 어른은 그 아이의 발달에 방해가 된다. 그렇게 할 것이 아니라 아이가 걷도록 만들어야 한다. 아이가 손으로 무언가를 하고자 한다면, 어른은 아이가 지적 활동을 펴도록 손으로 할 작업을 제공하여 동기를 부여해야 한다. 아이는 스스로 한 자신의 행동을 통해서 독립을 더욱더 획득할 수 있게 되기 때문이다.

아이를 만드는 것은 아이 자신이다.

    사람들이 아이를 만드는 것은 어머니라고, 걷기, 말하기 등을 가르치는 것은 어머니라고 말하지만 나는 그것이 전혀 어머니가 아니라고 말한다. 이 모든 일을 하는 것은 바로 그 아이이다. 산모가 생산하는 것은 새로 태어난 아이이지만, 이 인간을 만드는 것은 바로 아이 자신이다. 만일 어머니가 죽는다고 가정해도 아이는 똑같이 자란다. 비록 어머니가 거기 있지 않더라도, 비록 엄마가 그에게 먹이는데 필요한 모유가 없어도, 우리는 다른 우유를 아이에게 줄 수 있다. 그리고 그것은 아이가 계속해서 성장하는 방법이다. 성장을 수행하는 것은 어머니가 아니라 아이이다.

마리아 몬테소리
〈흡수정신〉

It is the child himself who makes a child.

...in the sense that people said that it is the mother who forms the child, the mother who teaches him to talk, walk etc. But I say that it is not the mother at all. It is the child himself who does all these things. What the mother produces is the new-born babe, but it is this babe who produces the man. Suppose the mother dies, the child grows just the same. Even if the mother is not there, and even if the mother has not the milk necessary to feed him, we give other milk to the child and that is how he continues to grow. It is the child who carries out the construction and not the mother...

Maria Montessori
<The Absorbent Mind>

14 아이에게 다가갈 때는 예의를 갖추어야 한다.

아이들은 사람의 얼굴을 좋아한다. 3~4개월경 아이는 사람의 얼굴 특히 눈을 뚫어지게 바라보며 시각과 지각의 인식능력이 발달한다. 아이는 점차 친숙한 사람과 익숙하지 않은 사람을 구분하는 능력이 생기게 된다. 아이들은 점차 성장하여 8~9개월에는 자신의 환경에 들어오는 낯선 사람들에 대해서 특징적인 반응을 보인다. 낯선 이를 보면 아이는 두려움을 나타내고 심지어는 울면서 어머니를 찾아 안긴다. 이것을 우리는 "낯가림 (낯선 이에 대한 불안감)"이라 부른다. 이 현상은 모든 아이에게 나타날 만큼 일반화되어 있다. 낯선 사람에 대한 불안감은 아이가 낯선 사람으로부터 자신을 보호하려는 본능에서 나온다. 자신을 곁에서 지켜주는 대상과 낯설고 위협적인 대상을 구별하는 것이다. 이러한 감정은 아이가 다른 사람과의 관계를 맺고 사회성을 키워가는 첫 시작으로 보기도 한다. 이것은 12개월까지 진행되며 15개월이 지나면서 서서히 줄어든다. 때에 따라서 더 늦어질 수도 있다. 그러나 그것 또한 아이들의 자연스러운 발달 과정이다. 이때 어른들은 행동을 특히 주의해야 한다. 아이들의 이러한 상태를 이해하고 아이에게 다가갈 때는 조심해야 한다. 남의 집을 방문할 때는 노크를 하고 문을 두드려 보고 저쪽에서 문을 열어 줄 때까지 기다린 후 들어가듯 아이에게도 일정한 거리를 두고 아이의 상태와 반응을 지켜보면서 조금씩 천천히 정중하게 아이가 준비될 때까지 기다린 후 다가가야 한다.

아이에게 다가갈 때는 예의를 갖추어야 한다.

8~9개월의 아이들은 자신의 환경에 들어오는 낯선 사람들에 대해서도 특징적인 반응을 보인다. "낯선 사람에 대한 불안감"이라고 불리는 이러한 행동은 두려움을 나타내고 심지어는 울면서 어머니를 찾아 안긴다. 이것을 이 시기 아이들에서 나타나는 낯선 이에 대한 두려움으로 부정적으로 해석하기보다는, 자신을 둘러싼 주변 환경과의 명백한 차별화를 인식하는 자의식이 발달한 긍정적인 결과로 받아들여야 한다. 실제로, 아이들은 낯선 어른이 너무 가까이 다가와 그들을 안거나 데려갈 때 이런 두려움을 보인다. 누가 낯선 사람의 그러한 행동을 받아들이겠는가? 모든 생명체는 그의 서식지에서 안전함을 느낄 필요가 있다. 이것은 무단 침입이며 폭력적으로 침범해서 우리의 삶에 영향을 끼치는 것이다. 만약 다른 사람의 집에 들어가고 싶다면, 문을 두드려 보고, 문이 열리기를 기다려야 한다. 그렇지 않으면 이 방문은 폭력이 된다!

마리아 몬테소리
〈흡수정신〉

**When approaching a baby,
you have to wait until the baby is ready.**

At the age of eight or nine months, children show also a characteristic reaction against unknown persons who come into their environment. This behavior, termed the "stranger anxiety" is characterized by visible fear - and even crying - and by seeking out the mother for reassurance. It should not be interpreted in a negative way - as being a result of the fear of others that all children have at this age but should be taken as a positive sign of the better self-consciousness that the child has attained as a result of the clear differentiation of himself from his mother and the surrounding environment. In practice, children exhibit this fear only when an unknown adult comes too close and even picks them up or hugs them. What adult would accept such treatment from a stranger? Every living being needs to feel secure in his habitat. This is the minimum personal security space where unauthorized presence is felt to be, and is, a violent intrusion into our lives. If you want to enter someone else's house, you have to knock at their door and wait for it to be opened voluntarily, otherwise the visit becomes a violation!

Maria Montessori
<The Absorbent Mind>

15 아이의 관심은 어려움을 극복하는 데 있다.

아이는 실수를 저지르면서 성장한다. 예를 들어 길을 따라 걷고 있는 한 살 된 아이도 처음에는 뒤뚱뒤뚱 걸으며 구르기도 하고 넘어지기도 하지만 결국엔 바르게 걷게 될 것이다. 만약 넘어지는 것을 허용하지 않는다면 걷기를 바르게 배울 수 없다. 아이가 퍼즐 조각을 맞추고 있다. 퍼즐 조각을 잘못된 위치에 배치하면 조각이 맞지 않는다. 아이는 오류를 바로잡기 위해 다시 주의를 집중해서 살펴봐야 하고 이 순간이 아이가 연습을 거듭하면서 성장할 기회이다. 이 순간에 옆에 있는 어른이 아이가 자꾸 틀리는 것이 안타까워 구멍 안에 조각을 넣어 주거나 넣어야 할 구멍을 손가락을 지적한다면 아이는 집중하고 연습해서 성장할 소중한 기회를 빼앗기게 되는 것이다. 어려운 것을 혼자서 해결한 경우 아이는 자신이 실수를 저지르고 있고 또한 그 실수를 스스로 관리할 수 있다는 사실을 알게 된다. 이것은 아이가 스스로에 대해 자기 확신을 하는 중요한 순간이다. 나는 실수를 하지만 그 실수를 스스로 해결할 수 있는 능력 있는 사람이라는 자부심을 느끼게 된다. 아이가 어려움을 느끼는 결정적인 순간, 일단 지켜보고 아이 스스로 문제를 해결하도록 기다린다. 이 기다림이 아이의 자발성을 길러주는 최소한의 조건임을 기억하자.

아이의 관심은 어려움을 극복하는 데 있다.

　어떤 아이가 어려움에 부닥쳐 있을 경우에 교사가 개입하며 그것을 처리하는 방법을 가르쳐주게 되면, 아이는 그 일을 교사에게 넘기고 다른 곳으로 가버릴 것이다. 아이의 관심은 단순히 일에만 있지 않고 어려움을 정복하는 데에도 있다. "선생님이 나를 대신해서 어려움을 정복하겠다면, 그렇게 하세요. 나의 관심은 사라졌어요." 이것이 아이의 태도이다. 또한, 아이가 무거운 것을 들어 올리고 있을 때 교사가 도와주면, 아이는 그것을 내동댕이치고 다른 곳으로 가버릴 것이다. 칭찬하거나 도와주거나 심지어 아이를 지켜보고 있다는 사실조차도 아이의 활동을 파괴할 만한 간섭이 된다. 사실, 누군가가 지켜보고 있다는 사실을 아는 것만도 충분히 간섭될 수 있다. 어쨌든 어른도 어떤 일에 집중하고 있는데 누군가가 어깨너머로 지켜보고 있다면 집중력이 떨어질 것이다. 교사의 성공을 이끄는 대원칙은 이것이다. 아이의 집중이 사라지는 순간에도 거기에 전혀 관심을 주지 말라. 마치 아이가 그곳에 없는 것처럼 행동해야 한다. 교사의 단 한 번의 눈길로도 아이가 하는 것을 모두 파악할 수 있다. 아이가 교사를 의식할 정도로 아이에게 관심을 집중할 필요는 전혀 없다.

마리아 몬테소리
〈흡수정신〉

The baby's interest lies in conquering difficulties.

If another child is finding it hard to do something, and the teacher goes to help him, he may leave it to her instead. The child's interest is not only focused on the operation itself, but more often it is based on his wish to overcome the difficulty. "If the teacher wants to overcome it instead of me, let her. I am no longer interested." That is his attitude. If the child is trying to lift something very heavy and the teacher tries to help him, it often happens that he leaves the object in her hands and runs away. Praise, help, or even a look, may be enough to interrupt him, or destroy then activity. It seems a strange thing to say, but this can happen even if the child merely becomes aware of being watched. After all, we too sometimes feel unable to go on working if someone comes to see what we are doing. The great principle which brings success to the teacher is this: as soon as concentration has begun, act as if the child does not exist. Naturally, one can see what he is doing with a quick glance, but without his being aware of it.

Maria Montessori
<The Absorbent Mind>

16 아이의 반항심은 자기 확신의 표현이다.

　사람들은 누구나 자신에 대해 긍정적인 상을 갖고 있다. 누구라도 자기 자신에 대한 이러한 가치를 인정하지 않으면 살아갈 힘이 없다. 아이들도 이러한 힘이 만 2세에 생긴다. 만 2세가 되면 아이는 자기 자신에 대한 확신이 생긴다. 아이에게는 자아가 생기고 "내가, 내가"를 반복하며 자신의 정체성을 주장한다. 이때 스스로 무엇이든지 해낼 수 있다는 자신감이 생긴다. 사실 아이들은 이제 어디든 자유롭게 갈 수 있고 달릴 수 있다. 이때가 영아기에서 유아기로의 거대한 전환기이다. 자기 확신이 생기면 아이들에게 반항의 시기가 도래한다. 스스로 문제들을 해결할 수 있는 사람으로 인정받고 싶어 하는 열망으로 가득 찬 아이들은 그들에게 제안되는 거의 모든 것을 일단 "아니야!"라고 말하기 시작한다. 그래서 어른들은 기대하는 것과는 매우 다른 방식으로 반응하는 아이들에게 당황한다. 어른들은 이런 아이들을 때로는 달래기도 하고 때로는 윽박지르기도 한다. 그러나 만일 말이나 신체적 폭력으로 아이의 반항을 제압하려 한다면 표면적으로는 아이가 복종하는 것 같지만, 아이에게 자라야 할 자기 확신의 기회는 사라지게 된다. 이것은 아이가 스스로 무엇이든지 해낼 수 있다는 자신감과 자신이 결정을 내리고 행동할 수 있는 사람으로의 경험을 잃게 된다. 이때는 어른의 현명한 설득이 필요하다. 또한, 가능하면 2가지 선택권을 제시해서 아이가 선택할 수 있는 상황을 만들어 준다. "운동화 신을까? 구두 신을까?" "바지 입을까? 치마 입을까?" 사소해보이지만 이러한 노력은 어른들에게는 일방적이고 권위적인 태도를 포기하는 것이며 아이에게는 스스로 선택하는 기회를 줌으로써 책임감과 의지를 키울 수 있게 한다.

아이의 반항심은 자기 확신의 표현이다.

　반항의 시기는 또한 아이들이 시간을 더 잘 이해하기 시작하고 과거와 미래와의 어떤 관계를 형성하기 시작하는 시기이다. 그러므로 약속을 할 때, 그리고 약속을 지키기 위해서는 매우 신중해야 한다. 이것은 우리가 아이들에게 빚진 존경과 배려의 또 다른 측면이다. 그들이 어리고 쉽게 잊어버린다고 생각하고 약속을 지키지 않는 것은 그들의 능력을 과소평가하는 것이다. 우리의 약속을 지키는 것이 정말로 불가능할 때, 우리는 사과하고 대안을 제시해야 한다. 아이들은 관대해서 우리로부터 완벽함을 기대하지 않지만, 우리는 아이들에게 정직한 관계를 유지하고 기꺼이 협력하려는 의지를 보여 주어야 한다.

마리아 몬테소리
〈흡수정신〉

The baby's disobedience is an expression of self-assurance.

The period of opposition is also one in which children begin to better understand time and to establish some relationship with past and the future. It is, therefore, essential to be very careful in making promises, and when we make them, to keep them. This is yet another aspect of the respect and consideration we owe children. Thinking that they are young and forget things easily is a serious underestimation of their abilities. When it is really impossible to live up to our promises, we have to apologize and propose an alternative. Children are generous and do not expect perfection from us, but rather an honest relationship in which we have to demonstrate our willingness to collaborate.

Maria Montessori
<The Absorbent Mind>

부록
3

아이의 독립심 발달을
돕기 위한 10가지 팁

1. 아이가 혼자서 입을 수 있는 옷을 준비한다. 머리가 잘 들어가는 셔츠, 신축성 있는 고무줄 혹은 찍찍이로 되어 있는 바지 혹은 치마 등과 같이 아이가 스스로 다룰 수 있는 잠금장치의 옷들을 준비한다.

2. 아이가 다가갈 수 있는 환경을 준비한다. 아이 높이의 행거를 준비하고 2~3가지 옷만을 걸어 둔다. 또한 빨랫감을 정리할 수 있는 바구니를 준비한다. 아이는 옷을 갈아입은 후 더러워진 옷은 바구니 안에 넣을 수 있다.

3. 아이가 자신의 외모를 관리할 수 있도록 아이 키 높이의 거울을 준비한다. 머리빗과 티슈도 가까운 곳에 두어서 스스로 머리 빗고 콧물이 흐를 경우 닦을 수 있도록 한다.

4. 아이 변기를 준비한다. 변기에 앉았을 때는 발이 바닥에 닿아야 안전함을 느낄 수 있다.

5. 아이가 스스로 세면대에 다가갈 수 있게 한다. 필요하면 손 씻기, 양치질하기 등을 할 수 있도록 세면대 앞에는 아이가 디디고 올라설 발 받침을 준비한다.

6. 아이가 사용하는 주방용 집기는 아이가 관리할 수 있도록 영역을 배정해준다. 작은 컵, 그릇, 접시, 숟가락, 포크 등 필요하면 언제든지 꺼낼 수 있도록 주방의 낮은 칸을 아이 몫으로 정해준다.

7. 아이가 사용하는 요리 도구는 특별히 아이 것이라고 해서 플라스틱만을 준비해주지는 않는다. 어른들이 일상생활에서 사용하는 플라스틱이 아닌 유리, 도자기 등 자연 재질을 준비한다. 처음에 어른들이 물건을 조심스럽게 다루는 것을 보여주고 아이도 물건을 함부로 다루면 깨질 수 있다는 것을 배우게 된다.

8. 음식을 준비할 때 아이를 함께 참여시킨다. 아이들도 귤 또는 바나나 껍질을 깔 수 있다.

9. 자유롭게 들락거릴 수 있는 취침 공간이 필요하다. 침대보다는 우리나라의 이부자리가 적당하다. 침대, 그네, 보행기 등 아이들의 움직임을 제약하고 가두어 두는 물건들은 제공하지 않는다.

10. 규칙적인 일과가 되도록 노력한다. 매일 밤 비교적 같은 시간에 식사하고, 놀고 이야기를 나누고 목욕을 하는 등 동일한 일과를 진행을 하면 아이들은 자연스럽게 일과를 익히게 된다. 이럴 경우 취침 시간이 몸에 배게 되고 아이는 스스로 잠자리에 들게 된다.

17. 아이의 신체 기관은 완성되면 쓰여야 한다

18. 아이의 신체 협응력에 따라 조절력은 가속도가 붙는다.

19. 손을 많이 사용하는 아이는 주도적인 인간으로 성장한다.

20. 운동의 진정한 목적은 자신과 모두를 위해서 움직이는 것이다.

부록 4.
닥터 몬테소리가 한 살 된 아이를 둔 부모님에게 들려주는 어드바이스

제4장

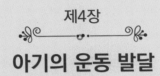

아기의 운동 발달

THE MOTOR DEVELOPMENT OF THE BABY

17 아이의 신체 기관은 완성되면 쓰여야 한다

"아이는 거기에 도착하길 바라지 않는다. 그냥 걷기를 원할 뿐이다." 아이가 걷는 것을 보면 아이는 쉬지 않고 앞으로 나간다. 그러다가 길가에 핀 민들레 꽃씨를 보면 멈춰서고 또 걷는다. 마치 탐험가가 환경 안에서 이곳저곳 새로운 것을 발견하고 잠시 멈춰 서서 탐색하고 앞으로 나가듯 아이는 그렇게 걷는다. 몬테소리 박사는 아이는 걸을 때 두 다리뿐 만 아니라 두 눈으로 걷는다고 했다. 그래서 아이가 길을 따라 걷게 하는 것은 바로 환경 안에 있는 재미있는 요소들이다. 아이들의 호기심에 맞추어 걷게 두면 아이들은 먼 거리도 걸을 수 있고 힘든 곳도 좋아한다. 이렇게 무한정 앞으로 걸으면서 자신의 능력을 사용해 보려는 아이에게 걷지 못하게 하는 것은 불가능하다. 왜냐하면 신체 기관이 발달하면 반드시 그 신체 기관을 사용해야 하기 때문이다. 이것이 아이의 발달 법칙이다. 이렇듯 자연의 법칙은 기관을 만드는 것뿐만 아니라 그것이 쓰이도록 허용되어야 한다. 그런데 만약 아이가 걸을 수 있는 능력이 생겼는데도 걷지 못하게 한다면 어른이 맞서 싸워야 할 대상은 아이도 아니고, 아이의 의지도 아닌, 아이의 본성이다. 결국 어른들이 못하게 하는 것은 아이들이 성장하려는 본성, 본능, 욕구를 차단하는 것이다. 따라서 어른들은 아이들에게 창조된 것이 쓰일 수 있도록 허용하고, 신체 기관이 완성되고 단련될 수 있도록 환경 속에 탐험할 수 있는 자유를 제공해야 한다.

아이의 신체 기관은 완성되면 쓰여야 한다

교육을 통해서 아이에게 이 시기보다 앞서 걷는 방법을 가르치길 원한다고 하더라도, 우리는 그 목적을 성취하지 못한다. 왜냐하면 아이가 걸을 수 있는 능력은 동시에 일어나는 일련의 육체적 발달에 좌우되기 때문이다. 그래도 억지로 아이를 걷게 하고 싶어 한다면 아이에게 심각한 피해를 주지 않고는 그 목적을 이루지 못한다. 여기서 아이를 지휘하는 것은 자연이다. 모든 것이 자연에 달려 있으며 자연의 명령에 복종해야 한다. 동시에 이제 막 걷기를 시작하고 달리기를 시작한 아이가 그렇게 하지 않도록 막는 것도 불가능하다. 왜냐하면 자연에서는 어떤 신체 기관이 발달하면 반드시 사용되어야 하기 때문이다. 자연 속에서 창조는 무엇인가를 만드는 것만이 아니라 그것이 쓰일 수 있도록 허용하는 것이다. 신체 기관은 완성되기만 하면 그 즉시 환경 안에서 쓰여야 한다. 현대적 용어로, 이 기능들은 '환경을 통한 경험'이라 불린다. 이런 경험들이 일어나지 않는다면 신체 기관은 정상적으로 발달하지 못할 것이다. 처음에 불완전한 신체 기관이 완성을 성취하기 위해서는 반드시 사용되어야 하기 때문이다.

마리아 몬테소리
〈흡수정신〉

The baby's body organs should be used
when they are complete.

If, by educational means, we want to teach the child to walk before this peri-
od, we shall not be able to, because walking depends on a series of physical
developments which take place simultaneously. Localized states of maturity
must first be established, and the effort to force the child's natural develop-
ment can only do harm. It is nature that directs. Everything depends on her
and must obey her exact commands. In the same way, if we try to check the
child who is beginning to walk, we cannot do so, because, in nature, once an
organ has been formed, it must come into use. In nature's language, the word
"create" does not just mean, "make something"; it means that what has been
made must also be allowed to function. No sooner has an organ evolved than
it must immediately begin to act in its proper sphere. In modem terms, this
functional work is called "environmental experience." If such experience be
not obtained, the organ fails to develop normally, for at first it is incomplete. It
only becomes finished by being used.

Maria Montessori
<The Absorbent Mind>

18 아이의 신체 협응력에 따라 조절력은 가속도가 붙는다.

　태어나자마자 나타나는 아기의 운동은 반사운동이다. 반사 운동은 생존을 위해 즉각적 위험을 회피하는 과정에서 진화된 것이다. 이 반사적인 움직임에서 아이들은 움직임의 반응을 경험하고 차차 자발적인 움직임, 의도적인 움직임을 만들어 간다. 이 의도적인 운동이 아이들에게 중요하다. 본능적으로 휘적휘적 아무렇게나 팔을 뻗어 딸랑이를 잡던 아이가, 3~4개월이 되면 자신의 눈으로 딸랑이를 보고, 그 딸랑이를 잡기 위해 손을 내민다. 눈과 손의 협응력이 시작된 것이다. 협응력은 감각, 신경, 근육이 함께 상호협력하여 이루어지는 운동으로 생후 3개월 동안의 아이 두뇌 발달의 성과를 보여준다. 이를 통해서 아이의 신체 조절력은 가속도가 붙는다. 협응력은 아이에게는 큰 발전이다. 이제까지는 개별적인 감각 자극에 의해서 발달한 신체 기관이 이제는 두 가지, 세 가지 감각기관과 운동 기관이 연합할 수 있게 되었다. 이제 아이는 자신이 원하는 물건을 언제든지 스스로 잡을 수 있게 되며 이것이 엄마와의 관계도 변화시킨다. 이제까지 아이들의 의사소통 방식은 울음과 함께 피부와 촉각이 중심이 되는 피부 접촉이 대부분이었다. 이제는 다른 방식으로 사람들과 함께 생활하는 것을 배운다. 청각으로는 대화나 혹은 어른들의 노래를 부르는 것을 들으면서, 같은 환경을 공유하고, 시각적으로는 다른 사람들을 지켜본다. 이제는 팔을 뻗어 자신이 원하는 것을 손에 쥐고 건네주면서 보다 적극적이고 활발한 의사소통과 움직임을 예고할 것이다.

아이의 신체 협응력에 따라 조절력은 가속도가 붙는다.

    3개월에서 4개월 사이에, 아이들의 전반적인 건강 상태에 따라, 그리고 특히 그가 경험할 수 있는 상태에 따라, 손을 뻗기 위한 협응력이 시작한다. 아이들은 물건을 잡고 가까이 가져가기 위해 고의로 손을 뻗기 시작한다. 이것은 큰 발전이다. 이제 미끄러질 수 있는 능력이 생기고 자유로운 움직임을 위한 공간이 마련된다면, 아이는 결국 자신의 흥미를 유발하는 모든 물체에 도달할 수 있고 시각, 촉각, 미각을 통해 이것을 알게 된다. 사실, 아이 삶의 첫 몇 개월 동안, 몸의 이 중요한 손발의 도움으로 경험되어지는 모든 것이 삶의 전부인 것이다.

Silvana Montanaro
<Understanding the human being>

**As the baby develops coordination,
the body control force accelerates.**

Between the third and fourth month, depending on the child's general state of health, and especially on the experiences that he has been able to have, coordination begins to extend to the hands. The child starts to use them intentionally reaching for objects, grasping them and bringing them closer. This is a big step. Now the capacity to slither can develop and if a space is provided for free movement, the child can eventually reach every object that arouses his interest and gets to know them through the sense of sight, touch and taste. In fact, in the first months of life, everything has to be experienced with the help of this important part of the periphery of our body.

Silvana Montanaro
<Understanding the human being>

19 손을 많이 사용하는 아이는 주도적인 인간으로 성장한다.

    손을 사용하기 위해 아이는 자신의 의지대로 신체를 조절해야 한다. 아이는 운동이나 동작을 의도대로 만들어 내기 위해 계획하고 예측하고 판단해야 한다. 따라서 손을 사용하는 것은 움직임을 창조하는 고차원적인 정신 활동과 직결된다. 몬테소리 박사는 아이의 지능은 손을 사용하지 않아도 어느 수준에 도달하지만 손을 사용하는 활동에 의해 더욱 높은 수준에 도달한다고 말했다. 어른들에게 손을 사용하는 일들은 "노동"이라는 이미지 때문에 그 일이 허드렛일이거나 또는 지나치게 과중된 장시간의 일이라서 대체로 부정적인 생각이 강하다. 그러나 아이들에게 손을 사용하는 일은 전적으로 이와는 다르다.

    한살이 되면서 아이들은 걷기 시작하고 이제 서서히 자신의 의지대로 공간을 이동할 수 있게 된다. 아이가 안정적으로 걷는다는 것은 손으로 어디를 잡지 않아도 걸을 수 있다는 것이고 이 시기부터 아이들은 본격적으로 손을 사용하는 일을 할 수 있다. 무엇보다 아이는 어른의 가장 좋은 협력자가 될 수 있다. 아이와 함께 음식을 준비하거나 테이블을 닦기, 접시 닦기, 먼지 털기, 동식물 돌보기 등 일상적인 집안일을 함께 나눌 수 있다. 아이들은 이 일을 좋아한다. 아이들은 이러한 일상생활이 활동을 통해 배우며 이러한 일을 할 때 온 마음을 다해서 열중한다. 아이들은 이러한 활동을 통해 자신을 관리하고 환경을 돌보면서 환경을 사랑하게 되고 또한 주인 의식을 갖게 된다. 이 일을 통해서 아이들은 독립심, 자신감, 성취감이 쌓이며 주도적인 인간으로 성장할 수 있다.

손을 많이 사용하는 아이는 주도적인 인간으로 성장한다.

　　마리아 몬테소리는 지적 능력과 손에 대해 말하면서, "…손으로 작업을 한, 이 아이는 더 높은 수준의 지적 능력을 갖게 된다. 손으로 작업한 사람은 누구나 더 강한 인격을 지니고 있다. 비록 초보적인 수준이지만 아이가 환경에서 행동하는 것이 허용되지 않는다면 그것은 전형적인 정신 활동으로 보이는 성격(기질)의 발달에 영향을 미치는 것이다. 지금까지 경험에 비추어 보면, 그 아이가 환경의 특성 때문에 손을 사용할 수 없는 경우, 인격이 매우 낮은 수준에 머물러 있고, 순종하지 못하며, 주도적이지 못하며 슬프고 게으르다. 반면에 손으로 일을 할 수 있었던 아이는 뚜렷한 인격의 발달과 힘을 보여준다."

마리아 몬테소리
〈흡수정신〉

A hand-worked baby grows into
a capable human being.

" ...through manual activity, the child reaches a higher level of intelligence; whoever has worked with his own hands has a stronger character. It is the same with the development of the character, which would seem. to be a typically psychological activity, although it remains rudimentary if the child is not allowed to act in the environment. My experience has shown that, if for some peculiarities of the environment, the child cannot make use of his hands, his character remains at a very low level, he remains incapable of obedience or initiative, and becomes lazy and sad, while the child who has been able to work with his hands shows a marked development and force of character."

Maria Montessori
<The Absorbent Mind>

20 운동의 진정한 목적은 자신과 모두를 위해서 움직이는 것이다.

　　교육의 현장에서 우리는 일반적인 교육의 목표로 "자기 완성" 또는 "자아 실현"이라는 문구를 쉽게 접할 수 있다. 자기 완성과 자아 실현이 이루어졌다면 궁극적으로 그 방향은 어디로 향해야 하는 걸까? 몬테소리 박사는 우리에게 운동의 개념을 상기시키며 모든 것이 서로를 돕고 있는 자연의 원리를 제시한다. 또한 우리가 운동의 진정한 목표를 이해한다면, 우리들의 교육의 목표가 달라져야 한다고 주장한다. 운동은 움직임이다. 운동은 세상에 존재하는 것 중에서 생명과 무생물을 구분하는 기준이다. 운동은 살아있다는 증거이며 그래서 생명은 움직인다. 그러나 무생물은 움직이지 않는다. 생명은 언제나 목적을 갖고 법칙에 따라 움직인다. 한 생명체가 살아가기 위해서는 다른 생명체들의 도움을 받아야 한다. 인간은 식물과 다른 동물의 도움을 받아, 그들을 먹이로 생존할 수 있다. 식물 또한 인간과 다른 동물의 도움을 받아 생존한다. 그들이 뿜어내는 이산화탄소로 광합성을 하며 식물은 성장할 수 있다. 이렇듯 지구상의 모든 생명체는 서로가 서로를 살리는 공생관계이다. 아이들의 교육 목표도 이러한 자연의 법칙 하에 제시되어야 한다. 아이들이 방을 청소하고 세탁을 하며 자신을 위해 일상적인 일을 하느라 움직이는 것은 중요하다. 그러나 그것을 바탕으로, 함께 생활하는 다른 사람을 위해 일하는 방법 또한 배워야 한다. 모든 사람은 자신만이 아니라 타인을 위해서도 일해야 한다. 자신만이 아니라 전체를 위해서, 모두의 발전을 위해 목적 있는 운동을 한다면 그것이 진정한 자기 완성, 자아 실현이 될 것이다.

운동의 진정한 목적은 자신과 모두를 위해서 움직이는 것이다.

사람과 동물의 행동에 대해 말할 때, 우리는 사람과 동물의 목적 있는 운동에 대해 이야기 한다. 이런 행동이 사람과 동물의 일상적인 삶의 핵심이다. 행동은 가정에서 일어나는 일상적인 생활, 예를 들면 방을 청소하든가 옷을 세탁하는 일 등에만 국한되지 않는다. 물론 이런 일도 중요하다. 그러나 세상의 모든 사람은 이보다 더 큰 목적을 갖고 움직여야 한다. 모든 사람은 자신만 아니라 타인을 위해서도 일해야 한다. 사람이 하는 일이 타인들에게 이바지하는 일이어야 한다는 말이 이상하게 들릴지도 모르겠다. 만일 일이 그런 식으로 이뤄지지 않는다면, 그 사람의 일은 체조 그 이상의 의미를 지니지 못할 것이다. 모든 일은 마찬가지로 다른 사람들에게도 이로워야 한다. 무용은 아마 가장 개인적인 운동 중 하나일 것이다. 그러나 이 무용 마저도 청중이 없다면, 이를테면 사회적 또는 초월적 목표가 없다면 아무런 의미가 없을 것이다. 엄청난 노력과 땀을 쏟으며 율동을 다듬는 무용가는 다른 사람들을 위해 춤을 춘다. 만약 세상에 존재하는 모든 형태의 삶이 자신만을 위해서가 아니라 전체를 위해서 목적 있는 운동을 하는 그런 우주적인 비전이 제시된다면, 우리는 아이들의 노력을 더 잘 이해하고 더 좋은 방향으로 이끌 수 있을 것이다.

마리아 몬테소리
〈흡수정신〉

The real purpose of movement is
to work for yourself and for everyone.

When we speak of "behavior," the behavior of men and animals, we are think-
ing of purposive movements of this kind. Such behavior is the core of their
activities, and it is not limited to actions which serve only a personal need;
for example, cleanliness, or work about the house. But the doing of it may
serve far distant ends whereby it acts for the benefit of others. But for this,
man's work would count for nothing more than a gymnastic exercise. Dancing
is the most individual of all movements, but even dancing would be pointless
without an audience; in other words, without some social or transcendental
aim. To have a vision of the cosmic plan, in which every form of life depends
on directed movements which have effects beyond their conscious aim, is to
understand the child's work and be able to guide it better.

Maria Montessori
<The Absorbent Mind>

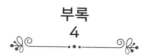

부록
4

닥터 몬테소리가
한 살 된 아이를 둔 부모님에게
들려주는 어드바이스

1. 언제 어디를 가든 아이를 데리고 다닌다.
   그래야 아이가 세상을 볼 것이다.

2. 사람들이 나누는 대화에 아이도 참여시킨다.
   그래야 아이가 모국어를 들을 수 있다.

3. 걸을 수 있는 아이는 안고 다니지 않는다.
   그래야 아이가 걷는 연습을 할 것이다.

4. 무거운 물건을 옮기려 하는 아이를 도와주지 않는다.
   그래야 아이는 자신의 힘을 확인할 수 있다.

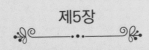

제5장

아기의 언어 발달

THE LANGUAGE DEVELOPMENT OF A BABY

21 아이의 언어는 자연적으로 발달한다.

언어가 간단하든 복잡하든 상관없이 전 세계 모든 아이는 동일한 시간에 자신의 나라의 언어를 습득한다. 이것은 아이들의 언어가 자연적으로 발달한다는 증거이다. 아이들의 언어는 단어, 문장, 문법, 발음 테스트 등과 같은 학습을 통해서 발달하는 것이 아니라, 주변 사람들이 나누는 얘기를 들으면서, 또는 엄마의 소리를 모방하면서, 아빠와 동화책을 읽으면서 무의식적으로 익혀 나간다. 언어발달에 대한 실험이 있었다. 아이들이 언어를 어떻게 배울까에 대해서 알아보는 실험이었다. 한 그룹은 대학생 그룹이고 다른 그룹은 초등학교 1학년 그룹이다. 두 그룹에게 하루에 2시간 일주일간 동일한 중국어 수업을 진행했다. 그리고 그 학생들에게 단어, 문장, 발음 등의 테스트를 했다. 누가 과연 좋은 성적을 냈을 것인가? 많은 사람은 아이들이 언어를 더욱 잘 흡수하니까 모두 초등학생일 것이라고 대답을 하였다. 그러나 사실은 대학생들이 모든 면에서 월등하게 높은 성적이 나왔다. 대학생들은 이러한 학습법에 오랫동안 단련이 돼서 익숙하기 때문에 높은 성과를 낼 수 있었다. 그러나 반면에 아이들은 이와 같은 학습 방법으로는 효과가 없다. 아이들은 무언가를 배울 때 배운다는 의식을 하지 않아야 잘 배운다. 경험과 체험을 통해서 무의식적으로 이루어져야 한다. 나이가 어리면 어릴수록 억지로 가르치면 관심이 멀어진다. 오직 자연스러운 일상생활의 환경에서, 살아있는 언어 환경에서만 더 잘 배울 수 있다.

아이의 언어는 자연적으로 발달한다.

사람들은 "아이를 사람들 틈에 그냥 내버려 둬. 그러면 자연히 말을 하게 돼."라고 말한다. 이 말이 곧 아이가 언어를 흡수하는 현상을 표현한 것이다······ 여기서 가르침이 아니라 발달이라는 표현을 썼다는 사실에 유의하자. 엄마가 아이에게 언어를 가르쳐주는 것이 아니다. 언어는 거침없는 창조로서 자연스럽게 발달한다. 정말로 놀라운 것은 언어가 어떤 법칙을 따라 발달하며, 어느 시기에 이르면 그 발달이 절정에 달한다는 점이다. 이는 모든 어린이에게 해당하는 진리이다. 언어가 간단하든 복잡하든 상관없이 이런 현상이 나타난다. 오늘날에도 일부 원시적인 사람들 사이에 쓰이는 언어는 매우 간단하다. 그런데도 그들 틈에 섞여 사는 아이들이 쉬운 언어를 배우는 데 걸리는 시간은 서구의 아이들이 복잡한 언어를 배우는 데 걸리는 시간과 똑같다. 이는 아이들 누구에게나 똑같이 음절을 한마디씩 내뱉은 시기와 단어들을 말하는 시기, 그리고 마지막으로 문장과 문법을 완벽하게 구사하는 시기가 뚜렷이 있다. 마지막 단계에 이르면 아이들은 남성형과 여성형, 단수와 복수, 시제, 접미사와 접두사의 차이까지 구분한다. 언어에는 복잡하고 예외적인 규칙이 많다. 그런데도 흡수하는 아이는 복잡한 것을 모두 배울 수 있다. 원시적인 언어를 쓰는 아프리카의 아이가 몇 개 되지 않는 단어를 배우는 그 시간 안에 그 아이는 복잡한 언어를 사용할 능력을 갖추게 되는 것이다.

마리아 몬테소리
〈흡수정신〉

A baby's language develops naturally.

All we usually say is that, "Children live with people who speak, so naturally they come to speak themselves."...... I say, development, not teaching, for the mother does not teach her child language. It develops naturally, like a spontaneous creation. Also, its development follows fixed laws which are the same in all children. The various periods of the child's life show the same stages in the level reached—a thing repeated for children all over the world, regardless of whether the language be simple or complex. There are still many tongues of extreme simplicity spoken by primitive peoples, and the children reach the same level in these as in the much more difficult ones. All children pass through a period in which they can only pronounce syllables; then they pronounce whole words, and, finally, they use to perfection all the rules of syntax and grammar. The differences between masculine and feminine, singular and plural, between tenses and moods, prefixes and suffixes, are all applied in the children's speech. The tongue may be complex, have many exceptions to the rules, and yet the child who absorbs it learns it as a whole and can use it at the same age as the African child, who uses only the few words of his primitive vocabulary.

Maria Montessori
<The Absorbent Mind>

22 걷기와 말하기는 동시에 이루기 어려운 과업이다.

6개월 된 아이가 있다. 이제 드디어 뒤집기에 성공했다. 그런데 이 아이는 하루에 100번 이상은 뒤집기를 시도하는 듯하다. 누워있는 자세에서 중심을 잡으려는 듯 한쪽 발을 들고 저울질하듯 몸을 이리저리 움직인다. 어느 순간 힘껏 힘을 쓰며 몸통을 돌리고 옆으로 자세를 바꾼다. 이미 수없이 몸통을 돌리는 것을 시도했지만 이제 겨우 그 방법과 힘을 얻은 듯하다. 드디어 아이는 성공했다. 그러나 아이는 여기서 멈추지 않는다. 또다시 시도한다. 자신이 만족할 때까지, 애쓰지 않아도 저절로 뒤집기에 성공할 때까지 반복하고 또 반복하고 있다.

아이가 걷기 위해서 아이는 또 어떤 발달을 이룩해야 하는가? 먼저 아이는 신체 균형이 잡혀야 한다. 다음에는 두 다리로 걸을 수 있도록 뼈의 골격이 단단해져야 한다. 그리고 이 모든 것을 연결하는 신경 조절 능력이 발달해야 한다.

말하기는 어떠한가? 청각기-시각기-운동기를 거쳐서 10개월 즈음에 이르러 사람들의 언어에 의미가 있다는 것을 알게 된다. 그리고 12개월이 돼서야 비로소 처음으로 의도적인 말을 하게 된다. 아이의 언어가 자연적으로 발달한다는 것은 사실이지만 이렇듯 언어를 습득하기 위해서는 여러 단계를 거치며 엄청난 연습을 해야한다. 엄청난 소모전이다. 따라서 아이는 걷기를 열심히 연습할 때는 옹알이를 많이 할 수 없고, 옹알이를 열심히 할 때는 걷는 연습을 소홀히 할 수 밖에 없다. 이 두 가지를 동시에 이룩한다는 것은 당연히 불가능한 일이다. 그래서 부모로서 우리가 가장 먼저 해야 할 일은 이렇게 하나의 능력을 획득하기 위해서 끝없는 사투를 벌이는 아이를 이해해야 한다. 첫걸음마가 늦다고, 첫 단어가 다른 아이들보다 뒤처져 있다고 조바심을 내는 것이 아니라 아이의 끝없는 노력을 인정하고 격려하고 기다려야 한다.

걷기와 말하기는 동시에 이루기 어려운 과업이다.

걷기와 말하기는 다소 어려운 업적이다. 아이가 큰 머리와 그 짧은 다리로 서서 그 작은 몸을 지키기 위해서는 큰 노력이 필요하다. 그 첫 단어조차도 다소 복잡한 표현의 수단이다. 분명히 이 두 가지 정복은 아이의 삶에서 동시에 일어날 수는 없다. 그의 지성과 균형 감각은 이미 먼 길을 왔다. 그리고 그 말과 첫 스텝은 가장 명백한 단계이다. 그러나 이 두 가지 정복에 도달하기 위해 이미 지나간 길은 우리의 모든 관심을 끌만 하다. 아이가 자연적으로 발달하는 것은 사실이지만, 엄청나게 운동을 해야만 한다는 이유 때문이다. 그가 운동 능력이 부족하다면, 이 지능은 더 낮은 수준으로 유지된다.

마리아 몬테소리
〈가정에서의 유아〉

**Walking and talking are tasks that are
difficult to accomplish at the same time.**

But walking and speaking are rather difficult accomplishments. It requires a great deal of effort before the child succeeds in keeping that tiny body with the oversized head in balance and in standing up on those short, little legs. Even that first word is a rather complex means of expression. Certainly these two conquests cannot be the first in the child's life. His intellect and his sense of balance have already come a long way, and the word and the step are nothing but the most apparent stages; but the road that has already been traversed in order to arrive at these two conquests merits all our attention. It is true that the child develops naturally, but it is precisely because of this that he must get a great deal of exercise. If he lacks exercise, this intelligence remains on a lower level.

Maria Montessori
<The child in the family>

23 아이의 말하기는 건강한 귀와 건강한 구강 구조가 필요하다.

아이가 말을 하려면 들을 수 있는 귀와 말할 수 있는 구강 구조가 건강해야 한다. 오스트리아 피치 교수 연구팀은 원숭이를 해부해보니 사람처럼 언어를 말할 수 있는 구강과 성대 구조가 있었다. 그러나 원숭이는 사람처럼 말을 하지 못한다. 왜일까? 원숭이의 뇌는 발음을 연결해 말을 구성할 수 있는 신경회로의 연결이 부족한 것으로 나타났다. 동물은 그들만 소통하는 언어는 있을 수 있지만 신경회로를 연결하는 인간과 같은 언어 기제가 없다. 아이가 듣고 말하기 위해서는 건강한 청각 기관과 건강한 구강 구조와 함께, 그것들을 뇌로 연결할 신경회로가 발달하여야 한다. 그런데 만일 아이의 청각에 문제가 생겨서 들을 수 없으면 말하기 또한 발달할 수 없다. 왜냐하면 청각 정보들이 말하기에 필요한 정보를 전달할 수 없기 때문이다. 또한 두뇌 발달이 적절하게 이루어지기 어렵다. 따라서 아이가 태어나자마자 체크해야 할 것 중 하나는 바로 청력 검사이다. 많은 국가에서 신생아 청력 선별검사를 하지만 그중에서 신생아 천 명 중 2~3명은 이때 발견이 안 돼 놓치기도 한다. 만일 아이가 여느 아이들과는 다르게 주위 사물의 소리에 무관심하거나 이름을 불러도 반응이 없는 경우 또한 간단한 지시를 따르지 못하는 경우, 자주 넘어지는 경우는 청각 검사를 다시 해 보아야 한다. 신체적 작은 결함을 적절한 시기에 발견하지 못하면, 영원히 들을 수도 말할 수도 없는 불구의 상태로 자라게 될 수도 있다.

아이의 말하기는 건강한 귀와 건강한 구강 구조가 필요하다.

지난 세기말 언어와 연결된 뇌 피질의 신경 세포 영역 또는 "중심"영역이 나타났다. 뇌의 피질에 언어를 다루는 두 개의 특별한 센터가 있다. 하나는 귀로 받아들이는 언어를 위한 센터이고, 다른 하나는 언어의 생산을 관장하는 센터이다. 생리학적 관점에서, 신체 기관 센터도 마찬가지로 두 군데가 있다. 하나는 언어를 듣는 데 쓰이는 귀이고, 하나는 언어를 말하는 데 쓰이는 입과 목, 코 등이다. 이 두 센터는 정신적으로나 생리적으로나 별도로 발달한다. 언어를 듣는 센터는 언어가 발달하는 잠재의식이 자리 잡고 있는 곳인 정신의 신비한 측면과 관계있으며, 운동 센터의 활동은 우리가 말을 할 때 드러난다.

마리아 몬테소리
〈흡수정신〉

A baby's speech requires healthy ear and mouth structure.

Areas of nerve cells, or "centers," in the brain cortex were shown to be con-
nected with language toward the end of the last century. Two of these are pri-
marily involved, one being concerned with the hearing of speech (an auditory
receptive center), and the other with the production of speech, of the move-
ments required for vocalizing words. One of these is therefore a sensorial
center, the other a motor center. In its visible aspects, the language apparatus
has organs in which the same division can be seen. The organic center of the
ear receives the sounds of speech, and that of the mouth, throat, nose, etc.,
produces them. These two centers develop separately, both on the physiolog-
ical and the psychological side. In some way, the hearing organs are connected
to the mysterious seat of mental life, where the child's language is evolved in
the depths of his unconscious mind. As for the motor side its activities can
be inferred from the astonishing complexity and precision of the movements
needed to produce spoken words.

Maria Montessori
<The Absorbent Mind>

24 아이의 말하기는 말하려는 의지가 중요하다.

아이가 말을 하려면 말을 하고 싶어 하는 욕구를 가져야 한다. 이것은 심리 상태와 많은 관련이 있다. 아주 어렸을 때 아이는 관심을 두는, 자신을 좋아하는, 사람과 가능한 한 오랫동안 소통을 하고자 하는 욕구를 가진다. 하지만 듣는 사람이 없는 경우, 이러한 욕구는 점차 사라진다. 보육원에 있는 아이들이 그 증거이다. 부모의 손길이 닿지 않는 버려진 아이들은 아무리 옹알이를 해도 돌아오는 반응이 없다. 점차 아이의 옹알이는 줄어든다. 아이들은 자신의 처지에 익숙해지면서 점차 자신의 욕구를 줄이며 현재의 상황에 적응해간다. 이것이 지속하면 말을 하고 싶어 하는 욕구도 서서히 사라져 갈 것이다. 아이의 욕구를 좌절시키지 않기 위해서는 아이가 우리에게 말을 건넬 때 그것이 옹알이든 미숙한 언어든 무엇이든지 적극적으로 들어 줘야 한다. 이 시기 아이들은 아직 명확하게 자신이 의도하는 것을 표현하지 못한다. 어휘가 부족하기 때문이다. 따라서 어른들은 많은 상상력이 필요하다. 그들의 눈높이로 내려가서 그들의 시선에 맞추어야 한다. 그리고 "나는 지금, 이 순간 네가 하는 말에만 관심이 있다."는 태도로 아이에게 집중해야 한다. 또한 아이의 말하고 싶은 욕구를 격려하기 위해 열정을 나타내야 한다. 아이와 대화를 나눌 때마다 지극한 관심을 기울이고 정서적으로 교감한다. 아이의 능력을 긍정적으로 강화하고, 평가하지 않는다. 그래서 어른들은 아이들이 소통하고 싶어 하는 욕구를 잃지 않도록 격려하는 기술을 찾아야 한다.

아이의 말하기는 말하려는 의지가 중요하다.

　정신분석학자들이 성인의 잠재의식을 뚫고 들어가듯, 어린이의 마음속을 뚫고 들어갈 필요가 있다. 그것은 어려운 작업이다. 왜냐하면 어른이 아이의 언어를 쉽게 이해하지 못하기 때문이다. 설령 아이의 언어를 이해한다고 하더라도, 어른들은 아이들이 쓰는 단어들의 의미를 정확히 이해하지 못한다. 아이의 삶을 전부 이해하는 것이 필요한 때도 간혹 있다. 아이의 삶을 이해하는 작업은 탐정의 활동과 비슷하다. 힘은 들어도 아주 유익한 활동이 될 것이다. 아이들을 대상으로 한 연구를 통해서 인류가 이 힘든 시기에 평화를 정착시킬 수 있을 것이기 때문이다. 우리에겐 통역자, 말하자면 아이와 아이의 언어를 해석해 줄 사람이 필요하다. 이 통역이 이뤄지면, 어른들이 아이의 마음 상태를 이해하게 될 것이다. 나 자신도 이쪽에서 일하면서 아이의 통역자가 되려고 노력하고 있다. 아이들이 이런 통역자에게 매우 강하게 끌리는 것은 참으로 신기하다. 아이들이 통역자에게 끌리는 이유는 자신을 도와줄 수 있는 누군가가 있다는 사실을 깨닫기 때문이다. 아이의 이런 열망은 응석받이로 자라는 아이의 애착과는 완전히 다르다. 통역자는 아이에게 위대한 희망이며, 또 이 세상이 문을 닫아 버릴 때 아이에게 발견의 길을 열어주는 고마운 존재이다. 통역자는 아이와 밀접한 관계를 형성하게 된다. 단순히 위안만 주는 데서 그치지 않고 도움까지 주기 때문에, 이 관계는 애착 그 이상이다.

마리아 몬테소리
〈흡수정신〉

The baby's willingness to talk is important.

We have to do something like what is done by psychoanalysis when it reaches down to unconscious levels in the adult's mind. This is by no means easy, for our knowledge of "baby talk" is seldom sufficiently good, or we may fail to grasp the special implications which the child wants us to attach to his words. Sometimes we need to know the baby's whole life, or at least we must investigate his immediate past, before we can pacify this tiny creature in the difficulty he is facing. How often do we long for an interpreter to tell us his meaning! I have worked for a long time on this myself, trying to make myself into the child's interpreter, and I have noted with surprise how, if you try to do this for them, they come running to look for you, as if understanding that here is someone who can help

them. Children's affection for those who merely pet and caress them is not on the same plane with this high enthusiasm. The child's one hope lies in his interpreter. Here is someone who will unlock the garden of discovery to which the world has shut the door. The child's helper is admitted to an intimacy which exceeds affection, because help is a greater gift than consolation.

Maria Montessori
<The Absorbent Mind>

25 아이들의 짜증과 분노는 이유가 있다.

우리는 종종 아이들이 왜 짜증을 내는지? 왜 울고 있는지? 그 이유를 알지 못할 때가 많다. 몬테소리 박사는 아이들이 짜증과 분노를 표출하는 이유 중의 하나는 표현하고 싶은데 표현할 수 없는 답답한 마음 때문이라고 했다. 어떻게 해서라도 자신의 의사를 전달하고 싶지만, 자신의 능력과 노력으로 불가능할 때 아이들은 화를 내고 분노를 표출한다.

아이 마음을 이해하기에는 충분하지 않지만 그래도 도움을 주는 방법이 있다. 우선 우리는 우리 중심, 어른 중심이 아니라 아이 중심으로 아이 주변의 것을 살필 필요가 있다.

아이가 찾고 있는 것, 아이가 관심사를 나타내는 것에 반응을 보여야 한다. 예를 들어 아이가 사과를 잡고 "아아"라 하면 이것은 "사과"라 말을 하려는 의도이지 자신이 아빠라고 "아빠"라 발음한다고 착각해서는 안 된다. 아이의 행동을 보고 아이의 입장에서 이해해야 한다. 아이가 보고 있거나 잡고 있는 물체를 보고 알아차리고, 아이의 마음을 읽어 줘야 한다.

아이들의 짜증과 분노에는 이유가 있다.

　내 경우에, 나의 서툰 외국어 실력으로 뭔가 특별히 중요한 것을 말해야 한다면? 아마 나는 이성을 잃고 화를 내며 심지어 소리칠지도 모르겠다. 바로 똑같은 일이 1세 내지 2세 아이에게 일어나고 있다. 하나의 단어로 무언가를 말하려고 하는데 우리가 그것을 이해하지 못하면 아이는 화를 내게 된다. 아이는 우리가 보기에 분별없이 보이는 분노의 발작이 나타난다. 그러면 사람들은 종종 이렇게 말한다. "타고난 고집이 나오네! "하지만 이 작은 아이는 자신의 독립을 위해서 싸우고 있으며 오해를 받고 있는 것이다. 언어로 표현할 수 없는 아이가 할 수 있는 일은 분노를 드러내는 것 뿐이다. 그러나 아이는 언어를 구성하는 힘을 가지고 있고, 아이의 분노는 그가 할 수 있는 한 최대한의 틀을 짜야 하며 올바른 단어를 만들어 내려는 좌절된 노력 때문이다. 그럼에도 불구하고,실망도 오해도 아이에게 시도를 멈추게 하지 않고, 사용 중인 단어들과 어느 정도 비슷한 단어들이 서서히 나타나기 시작한다.

마리아 몬테소리
〈흡수정신〉

Babies' irritation and anger have a reason.

Returning to my illustration, how should I behave myself if—babbling in a foreign tongue—I wanted to say something specially important? I might well lose my temper, get angry and even shout. The same thing happens with the child of one or two. When he tries to tell us something with a single word, and we fail to understand him, he gets furious. He goes into paroxysms of rage that seem to us senseless. In fact, we often say, "There! Now you can see for yourself the inborn depravity of human nature!" But this is a little man, misunderstood and battling toward his independence. Being possessed of no language, all he can do is to show his exasperation. Yet he has the power to construct a language, and his anger is due to his frustrated efforts to produce the right word, which he has to frame as best he can. All the same, neither disappointments nor misunderstandings cause him to stop trying, and words somewhat resembling those in use, begin gradually to appear.

Maria Montessori
<The Absorbent Mind>

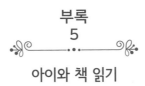

부록
5

아이와 책 읽기

책은, 아이가 엄마 태내에 있을 때부터 들려줄 수 있다. 이미 임신 7개월이 되면 태내에 있는 태아의 청각은 발달하여 소리가 나는 쪽으로 고개를 돌린다. 이때에는 태담도 들려주고 책도 읽어주면 태아가 더 쉽게 새로운 세상에 적응할 수 있다. 낯설고 불안하고 힘든 탄생의 순간에도 아기가 가장 듣고 싶어 하는 소리는 엄마의 목소리이다. 엄마 뱃속에서 들었던 소리, 엄마의 목소리를 듣게 되면 아이에게는 큰 위로가 될 것이다. 그래서 이때부터 아이에게 책을 읽어줄 수 있다.

아이가 처음 접하는 책, 어떤 내용이 좋을까? 우선, 현실적이고 실제적인 내용의 이야기이다. 이때 제시하는 책의 내용은 동물이 사람처럼 가방을 메고 노래를 부르는 의인화된 내용은 적합하지 않다. 엄마, 아빠 가족 이야기 혹은 아이가 접하는 일상의 이야기가 좋다. 이러한 이야기를 통해서 비정상적인 허구의 세상이 아니라 현실에 뿌리내린 정확하고 구체적 사실을 인지할 수 있다.

그리고 되도록 혼자 두지 않는다. 걸음마 아이들이 책을 선택해서 만지작거릴 때 어른들이 다가가 책에 관해서 이야기를 나누거나 읽어줘야 한다. 아직 그림과 글씨를 모르는 아이들에게 책의 내용에 관해서 설명도 하고 바르게 책장을 넘기며 책을 다루는 모습을 보여줘야 한다.

무엇보다, 아이의 책은, 읽는 책이 아니라 보는 책, 아이에게 들려주고 싶은 책을 선택해야 한다. 어린 시기에 읽는 책은 지식과 정보를 습득하기보다는 언어의 리듬감과 정서 함양에 도움이 되는 책이 좋다. 책을 읽는 방법도 단순히 책에 쓰인 글만을 읽기보다는 아이 눈높이에 맞는 이야기를 유도하는 것이 좋다. 그림만 있는 책은 그림에 관한 부분을 설명하고, 글이 있으면 그것을 소재로 이야기를 나눈다. 이 시기에는 책을 통해서 글을 읽는 법을 배우는 것이 아니라 다른 사람과 대화를 나누며 말하기를 배우는 것이 중요하다.

제6장

아기에게 필요한 환경

ENVIRONMENT FOR BABIES

26 지적 관심으로 승화시켜야 할
아이의 소유욕

놀이터에 가면 움직이는 개미 떼가 신기해서 옹기종기 모여 앉아 지켜보는
아이들을 쉽게 볼 수 있다. 그런데 조금 지나면 한두 명의 아이의 시작으로 아
이들은 손가락으로 개미를 눌러 버리거나 발로 밟아버린다. 조금 더 큰 아이들
은 나비나 잠자리를 잡아서 병에 가두고 날개나 다리를 떼곤 한다. 몬테소리 박
사는 '아이들이 꽃이나 곤충들을 단순히 소유만 하기 위해 접한다면 이렇게 함
부로 다루게 된다.'라고 하였다. 무고한 생명체는 아이들에 의해 찢어지고 뜯
기고 결국 죽게 된다. 그래서 몬테소리 박사는 아이들에게 동식물의 생명과 기
능을 알려주어야 한다고 강조하였다. 아이들은 동물이나 식물에 대한 지적 관
심이 필요하다. 아이들에게 동식물에 대한 지식이 생기면 무심코 한 이 파괴적
인 행동은 사라질 것이다. 그 소유욕은 도리어 생명체를 돌보는 사랑의 행동으
로 승화될 것이다.

무엇보다 아이가 실제로 자연을 경험해 보아야 한다. 아직 걷지 못한다면 마
당에 담요를 깔아 놓고 바스락거리는 나뭇잎을 바라본다. 아이가 성장해서 기어
다니면, 풀밭으로 나가 풀 위를 직접 기어 다녀 본다. 또 아이가 잘 걸을 수 있게
되면 아이와 함께 동네를 산책한다. 이웃 동네나 공원을 정기적으로 산책하면서
아이의 자연에 대한 사랑을 키울 수 있다. 아이와 함께 걸으면서 어른이 곁에서
보고, 듣고, 냄새 맡는 것에 대해 아이에게 들려준다. 이렇게 아이를 천천히 자
연의 세계로 초대한다. 그러다가 아이가 혹여 식물을 관찰하면서 식물 위에 꿈
틀거리고 움직이는 작은 생물을 발견하면 이 곤충을 방해하지 않아야 할 이유를
들려준다. 그리고 식물을 다치게 해서는 안 된다는 말을 덧붙인다. 가정에서나
학교에서는 가능하다면 동물을 직접 돌보거나 식물에 물을 주는 활동을 일상으
로 만들어 본다. 이렇게 아이와 함께, 가깝게 멀게 자연을 가꾸고 경험하면서 자
연을 존중하는 마음을 길러준다.

지적 관심으로 승화시켜야 할 아이의 소유욕

아이들은 단순히 소유하기 위해 꽃을 꺾어 놓고는 금방 찢어버린다. 물질적 소유에는 언제나 파괴성이 따른다. 지금 이 세상에서도 이 진리가 목격되고 있지 않은가? 만일 아이가 꽃의 각 부분과 잎의 종류, 줄기가 성장하는 방향에 대해 알게 된다면, 소유욕도 없어지고 꽃을 찢는 일도 사라질 것이다. 대신에 아이는 식물에 지적 관심을 보일 것이다. 이를 지적인 소유라고 불러도 좋을 것 같다. 만약에 아이가 곤충을 단순히 소유하기만을 원한다면, 아이는 나비도 찢어 죽일 것이다. 그러나 아이의 관심이 곤충의 생명과 기능에 있다면, 아이의 관심은 여전히 나비에 가 있겠지만 소유나 파괴가 아니라 관찰로 모일 것이다. 이런 지적 소유가 대단한 힘을 발휘한다. 그래서 우리는 그것을 사랑이라고 부른다. 이 단계에 이르면 아이는 이런 물건이나 생명체들을 아주 섬세하게 돌보게 될 것이다.

이 소유욕은 지적 관심 때문에 보다 높은 차원으로 올라가고, 지적 관심은 아이가 자신이 연구하는 생명을 더욱 깊이 들여다보도록 한다. 이처럼 더욱 높은 차원으로 올라가면, 아이가 소유욕 대신에 무엇인가를 알고, 사랑하고, 이바지하려는 노력을 보일 것이다. 소유가 사랑으로 승화하는 것이다. 이렇게 되면 사물이나 생명체를 보존하려는 마음뿐 만 아니라 그것들을 보호하려는 마음마저 일어난다. 본능적인 충동이 고상하게 승화되었다고 할 수 있을 것이다. 이와 똑같이, 호기심이 과학적 연구로 승화된다. 호기심이 공부하려는 충동으로 변하고, 이 충동에서 공부할 힘이 생김과 동시에 공부에 끌리는 현상도 나타난다. 어떤 사물이나 생명체를 사랑하고 존중하게 될 때, 아이는 모든 사물과 생명체를 보존하는 일에 열정적으로 매달리게 된다.

마리아 몬테소리
〈흡수정신〉

A baby's possessiveness must be sublimated by the power of love.

Children who pick flowers just because they want them soon throw them aside or pull them to pieces. Here, the mania for possession does go side by side with the mania for destruction. But if the child knows the parts of a flower, the kind of leaf it has, or the branching pattern of its stem, then it will not occur to him to pick it or to damage it. He will want to study it. His interest has become intellectual and his possessiveness takes the form of knowledge. In the same way, he might kill a butterfly to possess it, but if he takes an interest in the lives of the insects and in the part they play in nature, his interest will still be focused on the butterfly but with the idea of watching it, not of capturing it or killing it. This intellectual possessiveness shows itself when the child is so strongly attracted by his environment that we may almost say he is "in love" with it. This love for his environment makes the child treat it with great care and handle everything in it with the utmost delicacy. If the passion to possess is dictated by an intellectual interest, we may say it has been raised to a higher level and this will lead the child on towards knowledge. Instead of possessiveness there is, in this higher interest, an aspiration to know, love and serve. In the same way is curiosity sublimated in scientific research. Curiosity is an impulse to investigate. Once the child has felt the fascination of one object, he will become zealous in the conservation of all objects.

Maria Montessori
<The Absorbent Mind>

27 아이에게는 자연스런 제한이 필요하다.

　　몬테소리 환경은 자유롭다. 두세 살 아이들이 모여 있는 몬테소리 교실을 들여다보자. 이곳에서는 여느 교실처럼 모든 아이가 선생님 앞에 모여 앉아 그림 카드를 보면서 단어를 암송하거나 이야기를 나누지 않는다. 몬테소리 교실에서는 각자가 하고 싶은 일을 한다. 어떤 아이는 꽃에 물을 주고 있고, 어떤 아이는 퍼즐을 맞추고 있다. 또 어떤 아이는 빨래를 하고, 어떤 아이는 빵 굽기를 하고 있다. 몬테소리 교실이 이렇게 자유분방해 보이지만 이 안에는 보이지 않는 제한들이 숨어 있다. 아이들은 무엇이든지 하고 싶은 일을 선택할 수 있지만, 자신이 사용한 물건은 제자리에 갖다 놓아야 한다. 아이들은 자유롭게 이동할 수 있지만 다른 친구들에게 방해가 되어서는 안 된다. 이렇게 몬테소리 교실의 모든 활동에는 자유와 제한이 함께 있다. 그래서 우리는 이 자유를 제한된 자유라고 한다. 제한된 자유는 무조건 금지하는 것이 아니다. 아이들의 수준과 능력에 맞게 한계를 정해주는 것이다. 그 제한은 아주 자연스럽다. 예를 들어 유리컵이 있다고 하자. 몬테소리 교실에서는 0~3세 아이들에게 물을 따라 마실 때 플라스틱 컵을 주지 않고 소주잔 크기의 유리컵을 준다. 아이들에게 던지면 깨지는 유리컵을 줘서, 컵을 다룰 때는 조심스럽게 다루어야 한다는 제한을 알려주는 것이다. 아이들이 지켜야 할 제한 즉 "컵을 조심스럽게 다루어야 한다"라는 것을 말로 가르치는 것이 아니다. 직접 몸으로 실행하게 된다. 또 다른 예를 보자. 아이들이 설거지할 때 쓰는 물비누는 1회분만 제공한다. 이것은 설거지할 때는 비누를 낭비하지 않는다는 제한을 알려주는 것이다. 이렇듯 모든 제한이 환경과 교구에 포함되어 있어서 아이들은 이 제한을 너무도 당연히 받아들인다. 아이들이 하고 싶은 데로 마음대로 하는 무질서한 무제한의 자유가 아니라, 자유 속에 녹아든, 아이의 발달 단계를 고려한, 자연스러운 제한이 이 아이들에게는 필요하다.

아이에게는 자연스런 제한이 필요하다.

　기본적으로 자유는 억압된 결박을 푸는 것이며 처벌을 중단하는 것이며 권위로부터 해방을 의미하는 것으로 이해된다. 그러나 이 개념들은 상당히 부정적이다. 즉 그것의 의미는 단지 억압에서부터 벗어나는 것일 뿐이다. 이것은 마치 억압된 상태가 풀려서 억제된 충동이 무질서하게 쏟아져 나오는 단순한 반응들로 종종 나타나곤 한다. 아이가 아직 통제 능력이 발달하지 않았는데도 아이가 하고 싶은 데로 아이를 내버려 두는 것은 자유 개념을 저버리는 것이다. 그 결과는 무질서한 아이를 만든다. 왜냐하면 아이에게 질서를 강제하기 때문이다. 그 결과는 게으른 아이를 만든다. 왜냐하면 작업하는 것을 미리 앞서서 강제로 부과하기 때문이다. 그 결과는 불복종하는 아이를 만든다. 왜냐하면 아이들의 복종을 강제적으로 요구하기 때문이다. (따라서 통제 능력이 발달하지 않은 아이에게 무제한의 자유를 주는 것은 옳지 않다. 아이에게는 무제한의 자유가 아니라, 제한이 있는 자유가 필요하다.)

마리아 몬테소리
〈흡수정신〉

Babies need natural limits.

Freedom is understood, in a very elementary fashion, as the immediate re-
lease from oppressive bonds; as a cessation of corrections and of submission
to authority. This conception is plainly negative, that is to say, it means only
the elimination of coercion. From this comes, often enough, a very simple
reaction: a disorderly pouring out of impulses previously controlled by the
adult's will. To let the child do as he likes when he has not yet developed any
powers of control is to betray the idea of freedom. The result is children who
are disorderly because order had been imposed upon them, lazy because they
had previously been forced to work and disobedient because their obedience
had been enforced.

Maria Montessori
<The Absorbent Mind>

28 자유로운 환경이 아이를 빛나게 한다.

영유아 교육에서 우리가 가장 깊게 새겨 두어야 할 점은 두 가지다. 첫째는 어른이 모델이 되어야 한다는 것이다. 가장 중요한 교육의 수단은 어른이며 가장 중요한 교육의 환경도 어른이다. 아이는 어른의 행동을 통해서 움직임을 배우고, 어른의 말투를 통해서 대화법을 익혀 나간다. 이 시기 아이에게는 어른의 말이나 지시가 효과가 없다. 왜냐하면 통제되지 않기 때문이다. 결국 말보다는 어른이 직접 몸으로 활동을 하는 모습을 보여주는 것이 중요하다. 어른의 친절한 안내에 따라 환경에서 접하고 익힌 경험을 아이들 스스로 하고 싶을 때 선택해서, 하고 싶은 만큼 반복하면서 그 활동을 익혀 나간다.

두 번째는 자동 교육에 대한 확신을 하는 것이다. 몬테소리 교육은 자동교육이다. 아이들은 스스로가 자신을 가르친다. 그래서 아이들에게는 스스로 선택하고 스스로 작업하는 것이 중요하다. 자발적이지 않으면 의미가 없다. 스스로 판단하고 스스로 선택하는 자유로운 환경만이 아이들을 빛나게 할 수 있다. 자유로운 환경 속에서 자신이 하고 싶은 일들을 마음껏 펼칠 수 있다면, 개구쟁이 말썽꾸러기 아이들은 행복하고 활동적인 적극적인 아이들로 변하게 될 것이다.

자유로운 환경이 아이를 빛나게 한다.

　　자유를 기반으로 한 교육 제도는 아이가 그것을 습득하도록 돕는 것을 목표로 해야 하며, 자연적 성장을 제한하는 어떤 것으로부터 아이를 보호하는 구체적인 목표를 가져야 한다. 아이가 길을 따라 조금씩 나아감에 따라, 그는 더 명확하고 진실하게 자신을 나타낼 것이며 따라서 그 자신만의 고유한 특성을 들어낼 것이다.

마리아 몬테소리
〈어린이의 발견〉

**A freedom-based education system
will make the baby shine.**

A system of education that is based on liberty ought to aim at assisting a child in obtaining it and it should have as its specific aim the freeing of the child from those ties which limits its spontaneous manifestations. Little by little as a child proceeds along the way, he will freely manifest himself with greater clarity and truth and thus reveal his own proper nature.

Maria Montessori
<The Discovery of the Child>

29 아이의 정신을 섬기는 기술이 필요하다.

작고 연약한 아이의 존재는 주위의 어른들의 보살핌을 유도한다. 어른들은 기꺼이 사랑하는 아이들을 먹이고 입히고 재우고 모든 신체적 보살핌을 제공한다. 이것이 일반적인 부모가 아이가 태어날 때부터 한 살이 될 때까지 그리고 더 나아가 유치원생이 될 때까지도 지속하는 보살핌의 모습이다. 아이들은 이제 성장하여 한 살의 어린아이가 아니고 이제 성장하여 자신을 돌볼 수 있는 능력이 생겼음에도 불구하고 여전히 부모들은 아이들의 수족이 되는 것을 기꺼이 받아들인다. 혹은 끊임없는 지시와 개입으로 아이들을 통제하는 부모가 있기도 하다. 몬테소리 박사는 주장한다. 아이가 할 수 있음에도 작고 연약한 존재라는 이유로 도와주는 일은 이제 더 없어야 한다고. 절대로! 아이는 위대한 창조력을 부여받고 태어났다. 언어, 운동, 의지, 정서, 독립심 등 어른이 아이를 도와야 할 것은 이런 위대한 창조력의 정신이지 아이의 신체적 시중이 아니다. 먹고 입고 자며 스스로 자신을 돌보는 일은 아이 스스로 하면서 힘을 키워야 한다. 그래야 힘이 강화된다. 그리고 어른이 해야 할 일은 위와 같은 창조력을 건설하는 정신력을 돌봐야 한다. 그래서 '어른은 아이의 신체를 돌보는 하인이 아니라, 정신을 돌보는 하인이 되어야 한다.'라고 주장한다.

아이의 정신을 섬기는 기술이 필요하다.

누군가가 아이들을 섬기길 원한다면, 그 사람은 아이들을 위해 모든 것을 하고 아이들을 씻겨주고 입혀주고 먹여줘야 한다. 그러나 우리는 이런 유형의 교사가 아니다. 우리는 육체의 하인이 아니다. 어떤 아이가 발달을 꾀하려면 이런 일들을 직접 해야 한다는 사실을 우리는 잘 알고 있다. 우리의 가르침의 핵심은 아이가 육체적인 측면에서 섬김을 받아서는 안 된다는 것이다. 아이는 스스로를 돌봄으로써 육체적 독립을 이뤄야 한다. 아이는 홀로 자유로이 선택함으로써 의지의 독립을, 홀로 일하며 방해를 받지 않음으로써 생각의 독립을 이뤄야 한다. 아이의 발달이야말로 독립을 얻는 지름길이라는 점을 우리들은 명심해야 한다. 우리는 아이들이 자기 혼자 힘으로 행동하고, 스스로 결정하고, 홀로 생각하도록 도와줘야 한다. 이것이 아이의 정신을 섬기는 기술이다.

마리아 몬테소리
〈흡수정신〉

Adults need skills to serve the baby's spirit.

This is something new, especially in the educational field. It is not a question of washing the child when he is dirty, of mending or cleaning his clothes. We do not serve the child's body, because we know that if he is to develop he must do these things for himself. The basis of our teaching is that he should not be served in this sense. The child has to acquire physical independence by being self-sufficient; he must become of independent will by using in freedom his own power of choice; he must become capable of independent thought by working alone without interruption. The child's development follows a path of successive stages of independence, and our knowledge of this must guide us in our behavior towards him. We have to help the child to act, will and think for himself. This is the art of serving the spirit, an art which can be practiced to perfection only when working among children.

Maria Montessori
<The Absorbent Mind>

30 아이의 발달을
가로막는 장애물을 없애야 한다.

아이는 움직이기 위해서 태어났다.
두 발로 직립하는 인간이 되기까지,
자기 생각을 전달할 수 있는 언어를 습득할 때까지
아이들은 조잘거리고 움직이며 성장 발달한다.

아이는 정신적인 존재이다.
인류의 발전을 이끌어 온 인간이 되고자 끊임없이 성장 발달하고 있다.
어른들은 종종 이런 아이들의 노력을
산만하고 부산스럽고 야단법석을 떤다고 오해를 한다.
그러나 아이들은 자연의 본성을 실현하려고 애를 쓰는 것이다.

몬테소리 박사는
아이들에게 운동의 자유 없이는
자연적인 본성의 실현은 불가능하다고 하였다.
하지만 우리는 그들에게 어떤 환경을 제공하고 있는가?
성장하기 위해서 움직여야만 하는 아이를 이해하지 못하고
아이를 묶어 두고
아이를 가두어 두고
아이의 입을 막아버린다.

*Obstruction in the development of a child
should be removed.*

The child was born to move.

From being walking to acquiring a language that can convey one's thoughts, children grow up and grow up.

A child is a spiritual being.

It is constantly growing and developing to become a human being who has led the development of mankind.

Adults often misunderstand these children's efforts as distracting, bustling, and fussy.

But children are trying to realize nature.

Dr. Montessori told the children that without the freedom of movement, natural development was impossible.

But what kind of environment are we providing for children?

Without understanding the child who has to move to grow up, he or she binds the child, locks the child, and blocks the child's mouth.

겉 싸개 (swadling)

1. 겉 싸개, 속 싸개, 손 싸개 (swadling)

갓 태어난 아기는 자주 놀란다. 큰 소리가 나거나 몸의 위치가 갑자기 바뀔 때 혹은 환경의 작은 자극에도 놀라며 팔을 벌리고 껴안듯이 온몸을 움츠린다. 이것은 아기의 자연스러운 놀람(모로) 반사 운동이다. 이 반사 운동을 보고 사람들은 아이를 묶어 두라고 권유를 한다. 아기가 놀라지 않게 속싸개, 겉싸개로 꼭 싸매어 두라고 한다.

과연 그럴까? 이것이 아기에게 필요한 것일까? 아이는 태내에서 자유롭게 움직였다. 엄마 배 속에 있는 아이를 초음파로 보면 아이는 손으로 탯줄을 잡기도 하고 머리도 만지고 몸통을 돌리며 몸통 근육을 발달시키고 있다. 심지어는 손가락을 빨기도 한다. 좁은 엄마 뱃속이지만 이미 손으로 환경의 다양한 정보를 흡수하고 몸을 움직여 신체를 성장시키고 있었다. 몬테소리 박사는 '태어난 후에도 아기에게 이러한 경험을 연장해 주어야 한다.'라고 강조한다. 아기에게 필요한 것은 자신을 위로할 다정한 엄마의 존재와 태내의 기억을 불러일으킬 수 있는 손과 몸의 자유로운 움직임이다. 아기를 속싸개, 겉싸개, 손 싸개로 묶어 두는 것은 아이의 자연스러운 신체 발달, 정신 발달을 묶어 두는 것이다.

걱정하는 놀람 반사는 생후 3개월이 되면 자연스럽게 사라진다. 이때 우리가 새겨야 할 것은 아기를 꽁꽁 싸매어 두는 것이 아니라 아이가 놀라지 않게 최대한 환경을 조용하게 유지하고 부드럽고 조심스럽게 아기를 다루어야 한다는 것이다.

아기 침대 (baby bed, crib)

2. 아기 침대 (baby bed, crib)

아기가 태어나면 우리는 아기 침대를 준비한다. 그러나 아기 침대는 꼭 필요한 것일까? 결론은 아니다. 우리의 이부자리가 아기들에게는 더 필요하다. 아기의 취침 공간은 처음부터 독립심 발달을 염두에 두고 준비하는 것이 좋다. 하지만 그 기준으로 볼 때도 아기 침대는 적합하지 않다. 아기 침대에 아기가 놓이면누가 꺼내 주지 않는 한, 침대 밖을 나올 수 없다. 또한 침대의 막대 살이 아이가보는 세상을 조각으로 분할 시켜 사물을 올바르게 파악할 수 없게 만든다. 아이들은 온몸을 자유롭게 움직여야 하루하루 성장할 수 있는데 이곳은 아기가 몸을움직이는 데도 많은 제약이 있다. 지금 아이의 독립심 발달을 중요시하는, 전 세계 많은 부모는 아이에게 이런 침대 대신 바닥에 매트를 깔아준다. 우리나라의이부자리와 같은 바닥 매트(floor bed)를 깔고 아이의 취침 공간을 준비해 준다.이곳에서 아이들은 자유롭게 들락거리며 시각적 장애물 없이 주위 환경의 사물들을 온전히 탐색할 수 있다. 무엇보다 자신의 판단하에 피곤하고 쉬고 싶을 때언제든지 스스로 기어가서 안전하고 편안한 휴식을 취할 수 있다.

고무 젖꼭지 (pacifier)

3. 고무 젖꼭지 (pacifier)

빨기 욕구는 아이들의 자연스러운 본능적인 욕구이다. 모유를 먹는 아이는 수유 시간이 길어서 빨기 욕구가 충분하다. (물론 이것도 엄마의 수유 태도에 따라 다르지만) 하지만 분유 수유 아이는 빨기 욕구가 충족되지 않을 수 있다. 그래서 우리는 아이에게 고무젖꼭지를 입에 물려준다. 잠깐 고무젖꼭지로 빨기 욕구를 충족시킬 수 있다면 다행이지만 문제는 고무젖꼭지 사용이 시간이 지남에 따라 나쁜 습관으로 변질되어 간다. 즉 부모들은 아이가 졸릴 때, 칭얼댈 때, 입을 막고 싶을 때 습관적으로 고무젖꼭지를 아이 입에 물려준다. 고무젖꼭지는 아이의 언어발달에도 영향을 미친다. 한참 혀를 사용해서 열심히 옹알이를 연습해야 할 시기에 이렇게 입을 막아버리기 때문에 언어 발달은 늦어질 수밖에 없다. 더 큰 문제는 심리적인 문제이다. 아이는 자신의 불안감을 해소하기 위해 고무젖꼭지에 의존하게 되고 이것은 집착이 된다. 이 시기 아이는 또한 질서의 민감기이다. 외부 질서를 통해서 내면의 질서를 만들어 간다. 아이에게 고무젖꼭지가 일상화되면 아이는 그것이 자신의 신체의 일부처럼 느낀다. 그래서 그것을 제거하면 마치 자신의 팔다리를 제거하듯 고통스러운 상실감을 느끼며 온몸으로 저항한다.

보행기 (walker)

4. 보행기 (walker)

    걷기에 도움을 줄 것 같아 장만한 보행기도 아이의 운동 발달, 정신 발달을 방해하는 장애물이다. 아이는 이런 보조 장치 없이 스스로의 노력으로 땅을 디디고 걷는 연습을 해야 한다. 두 살 세 살이 되어도 까치발을 들고 걷는 아이들이 있다. 보행기와 같은 보조 장치를 많이 타서 발바닥으로 땅을 디디고 서는 연습을 많이 하지 못해서 생긴 결과이다. 또한 이것은 대소변 통제에도 영향을 미친다. 걷기는 대소변을 통제하는 괄약근의 발달과도 직결되어 있다. 스스로 걷는 연습이 많이 되어있지 않는 아이들은 괄약근의 발달이 늦어져 대소변의 통제가 늦어질 수 있다.

    아이는 스스로의 의지대로 가고 싶을 때 가고, 쉬고 싶을 때 쉴 수 있어야 한다. 내리고 싶어도 내릴 수 없고, 멈추고 싶어도 멈출 수 없는 자신의 의지와는 상관없이 굴러가는 보조물 때문에, 어릴 때부터 아이 마음속에는, 자신의 마음대로 되지 않는다는 좌절감이 생길 수 있다.

아기 울타리 (baby fence)

5. 아기 울타리 (baby fence, swing, jumper)

　생활이 윤택해지면서 아이용품도 다양해 졌다. 때로는 그 모든 물건이 아이들에게 꼭 필요한 것일까? 의문이 들기도 한다. 어떤 것은 아이들의 발달을 도와주는 것일 수 있지만 또 어떤 것은 아이들의 발달을 가로막는 걸림돌들이 될수도 있다. 보행기, 쏘서, 그네, 점퍼, 아기 울타리 등을 살펴보자. 이것들은 아기들을 안전하게 보호한다는 이유로 혹은 아이들이 올라타서 흔들면 재미있어한다는 이유로 부모들이 손 쉽게 구매를 한다. 하지만 엄밀히 말하면 몸을 움직이며 발달을 해야하는 아이들의 신체를 가두어 두는 도구들이다. 장시간 이용할경우 이 물건들은 아이의 운동 발달을 저해한다. 걷기 전까지 아이는 스스로 열심히 몸을 움직여 몸의 기능을 탐색해야 한다. 스스로 열심히 뒤집기를 해야 하고, 스스로 열심히 앉고 서기를 연습해야 하고, 스스로 열심히 일어서서 걸어야한다. 그래서 아이들에게 필요한 것은 이런 아기용품들이 아니라 아이가 마음껏연습할 수 있는 시간과 자유로운 공간이다. 자유롭게 움직일 수 있는 열린 공간에서만이 앞선 도약이 가능하다. 금지하고 가두어 두고 아이들이 안전할 것이라는 마음의 위안을 얻기보다는, 만지고 탐색하고 움직이게 하면서 필요하다면 제한을 알려주는 것이 정신적인 태아기인 아이들에게 필요한 환경이다.

부록
6

아이의 두뇌 발달을
돕기 위한 5가지 팁

1. 뇌가 발달하려면 자극이 필요하다. 자극이 풍부한 환경에서 자유롭게 자란 아이가 두뇌 발달이 왕성하다. 따라서 아이들을 너무 구속하면 안 된다. 안전을 이유로 울타리로 둘러싸인 공간이나 높은 의자에 너무 오래 방치하지 않는다.

2. 되도록 '안돼'라는 말을 사용하지 않는다. 아이들이 언제나 놀 수 있는 장난감을 쉽게 찾을 수 있게, 집 안 어디를 헤집고 다녀도 다치지 않게끔 집을 관리해 주어야 한다.

3. 장난감의 종류도 중요하다. 너무 많은 장난감보다는 아이가 관리할 수 있는 갯수를 준비한다. 모두나열해 놓는 것보다는 일주일 단위로 장난감을 바꿔준다. 사용하지 않는 것은 아이들 눈에 띄지 않게 선반 위 혹은 다른 방에 놓아 치워 둔다.

4. 다양한 경험을 제공한다. 아이들을 자주 집 밖의 새로운 곳으로 데리고 간다. 공원, 도서관, 상점, 이웃집, 어디든 가능하다. 엄마 외의 다른 어른들과 만나고, 다른 아이들이 노는 것을 지켜볼 필요가 있다. 그런데 때로는외출이나 계획적인 활동도 중요하지만, 아이들이 집중하는 놀이를 할 경우 내버려 두는 것도 중요하다. 이러한 활동을 통해 자신에게 몰두하는 것을 배울 수 있다.

5. 지나치게 너무 많은 장난감과 놀이, 외출은 아이에게 혼란을 가져오고 아이의 집중력을 떨어뜨린다. 환경을 어수선하게 만들지 않는다. 또한 TV와 라디오, 핸드폰 심지어 다른 아이들과 사람들이 내는 소음도 혼란스럽기는 마찬가지이다. 이런 소음은 특히 아이들의 언어발달을 방해한다. 따라서 지나친 자극들을 피하도록 배려한다.

참고문헌

『흡수하는 정신』, 마리아 몬테소리, 정명진 옮김, 부글북스, 2018

『 가정에서의 유아들 』, 마리아 몬테소리, 이 영숙 역, 다음세대, 1999

『 우리 아이 머리에선 무슨 일이 일어나고 있을까? 』, 리즈 엘리엇, 안승철 옮김, 궁리출판사, 2004

Silvana Montanaro, 『 Understanding the Human Being 』, Nienhuis Montessori USA, 1991

Mario M. Montessori, 『 The Human Tendencies and Montessori Education 』, AMI

Maria Montessori, 『 The Secret of Childhood 』, Montessori –Pierson Publishing Company, 2010

Maria Montessori, 『 The Absorbent Mind 』, Montessori, Holt Paperbacks, 1995

Maria Montessori, 『 The Discovery of the Child 』, Montessori–Pierson Publishing Company, 1967

Maria Montessori, 『 The child in the family 』, Montessori –Pierson Publishing Company, 2010

Lise Eliot, 『 What's going on in there 』, Bantam Books, 2000